THE BEST STRETCH

ザ・ベストストレッチ

自分にいちばん効くストレッチ

フィジカルトレーナー
中野ジェームズ修一
NAKANO JAMES SHUICHI

大和書房

もしも、ドラえもんが実在して、あなたの体と〝柔軟性のある人〟の体を交換できる道具を出してくれたとしたら――。

ドラえもんに出してもらうにしては、ちょっと地味な道具だな、と思われるでしょうか。

でも、本当にこれが実現したら、いったいどうなるのでしょう。

人の体の柔軟性は千差万別です。

この本を、いま手にとってくださっている読者の中には、すでに柔軟性が十分ある人もいれば、著しく柔軟性に乏しい人もいるでしょう（50ページにご紹介する「柔軟度チェック」で柔軟性レベルを確認することができます）。

ですから、あくまで柔軟性が乏しい人に限ってお話しするのですが、もし柔軟性のない人が、柔軟性のある体を手に入れたとしたら、とても同じ人間とは思えないくらいの変化を感じる、といわれています。

私たちは他人の体の柔らかさを経験できません。そのため、普段自分の体から受ける感覚を「こんなものだ」と受け入れています。

けれども、柔軟性のあるなしには、実は決定的な差があります。

柔軟性がある人の体に入れ替わると、びっくりするくらい楽に感じられます。

「こんなに腰が楽なんだ！」

「こんなに軽快に歩くことができるんだ！」

動作の一つひとつに感動することでしょう。あまりに体が楽なので、積極的に外出するようになるかもしれませんし、仕事の生産性も上がるかもしれません。

きっと、人生が一変するくらいのインパクトがあるはずです。

私はフィジカルトレーナーとして、25年以上にわたり、トップアスリートから運動習慣のない方まで、たくさんの方の体づくりをお手伝いしてきました。

その中で、最近、ストレッチへの関心が高まっているのを実感しています。多くの人が日常生活にストレッチを取り入れようとしているのは、大変いい傾向です。

一方で、間違った知識が出回っている現状を不安に感じることもあります。

たとえば、ストレッチ＝１８０度開脚と考えている人がいます。ストレッチをして１８０度開脚ができる体を手に入れたい。１８０度開脚ができるようになれば、健康になれる……。詳しくは後ほど解説しますが、これは大きな誤解です。

本書では、ストレッチについての正しい知識をお伝えするとともに、日常生活の中でできるストレッチを多数ご紹介します。

『ザ・ベストストレッチ』というシンプルなタイトルに込めたように、私がストレッチを解説する書籍のベスト版であると自負しています。

どのストレッチも、今日やったからといって明日には結果が出るというものではありません。ドラえもんの道具のような即効性はないのですが、毎日続けることで、少しずつ確実な変化がもたらされるはずです。

この本を参考に、人生観が変わるくらいの柔軟性を手に入れていただければ、と願ってやみません。

中野ジェームズ修一

本書の使い方

自分に
いちばん効く
ストレッチが
わかる！

どこが硬くてどこが柔らかいのかをチェックしよう！

体のどの部位を伸ばせばいいのか、確認してからストレッチを始めましょう。17種類のポーズを行ってみて、その部位が硬いか柔らかいかをチェックします。

柔軟度別ストレッチで、動ける体に！

自分の体の硬さに合ったストレッチをします。18種類の部位ごとにバリエーションがあるので、自分に合うストレッチを選びます。伸びるようになったら、他のバリエーションを選んで強度を上げていきます。

一つのストレッチを20～30秒×2～3セット、左側も同様に行います。

- ストレッチの基本――体をどこまで柔らかくする必要があるか、種類や行う時期などストレッチの基本
- 競技別ストレッチ――ラン、ウォーキング、ゴルフなど競技に合ったストレッチ
- ストレッチ効果が上がるライフスタイル――ストレッチを続けるコツや食事の習慣

ストレッチしやすくなるツール

骨格や筋肉のつき方、硬さなどは人によってさまざまです。
そんなとき、床との高低差を出したり、ゴムの伸縮性を使ったりと
ストレッチツールが体の伸びをサポートしてくれます。

クッション
（何枚か重ねた座布団でもOK）

ストレッチの際に高さを出したり、骨盤を立てたりするときに。

ストレッチバンド

体が硬くてつかみたい部位に届かないときに、ゴムの伸縮性を使ってストレッチします。

※本書では「セルフストレッチバンド」を使用しています。

タオル

体が硬くて伸ばしにくいときのサポート、高さを出したいときに。スポーツタオル、バスタオルなど長さのあるものを使います。

バランスボール

自重を使って高さをつけるときや、体の広い範囲をストレッチするときに。

※本書では直径 65cm のものを使用しています。

ストレッチポール®
（フォームローラー）

自重を使ってポールを転がしたり、床から高さを出したりするときに。

※本書では「ストレッチポール」®を使用しています。

その他

- 椅子
- ベッド
- 厚い本

THE BEST STRETCH ザ・ベストストレッチ
——自分にいちばん効くストレッチ

Contents

Contents

PART 3

「動ける体」になるストレッチ

PART 4

競技別ストレッチ

PART 5

ストレッチ効果を上げるライフスタイル

Column

PART

1

知ってるつもりのストレッチ

180度開脚はやっぱりできたほうがよい？
体はどうすれば柔らかくなる？
知ってるつもりを解消するストレッチの基礎講座

Stretching as
I know it

なぜ、180度開脚をやってみたくなるのか？

「１８０度開脚ができたらいいな。いつか脚を開いて床にベタッとつけてみたい」

そんな願望を持つ人が、私のまわりにもたくさんいます。１８０度開脚をしたいと思う理由には、大きく分けると以下のようなものがあります。

○体の柔軟性を上げて健康になりたい
○足のむくみをとって美脚になりたい
○スポーツをするうえでの動きをよくしたい。ケガを防止したい
○体操選手やバレリーナのような、あこがれの動作を実現したい

どうやら多くの人にとって、ストレッチのゴールは「１８０度開脚ができること」らしいのですが、私はこの状況を、かなり困ったことだと感じています。１８０度開脚というのは特殊な動作だからです。

体操選手やバレリーナは、１８０度開脚はもちろん、ありえない方向に関節を動かすことで美しさを表現しています。ありえないくらいの柔軟性がないと競技が成立し

ないので、ハードなストレッチを行っています。

バドミントンや卓球、テニスといった球技のトップアスリートの中にも、体がありえない方向に動くからこそ、トップの地位に君臨している人もたくさんいます。

トップアスリートともなると、お互いに技術が拮抗《きっこう》しているため、身体動作の特徴も生かしながらプレーの向上を追求しています。つまり、**勝つために過剰な柔軟性を手に入れる必要がある場合もあるのです。**

その柔軟性、必要ですか？

私自身、アスリートのトレーナーとして活動していますから、アスリートにとって「ありえない柔軟性」が必要であるのは十分に理解しています。過剰な柔軟性を求めてハードなストレッチを行うことも、悪いとは考えていません。しかし、一般の人によるハードなストレッチには大いに疑問を持っています。

一般の人は、**過剰な柔軟性がなくても十分にスポーツを楽しむことができます。**それどころか、過剰な柔軟性は健康上のリスクを招きます。詳しくは後述しますが、まずはこの事実を知っていただきたいと思います。

Stretching as
I know it

そもそも、どうすれば体は柔らかくなる？

過剰な柔軟性のリスクについて解説する前に、まず人間の体の柔軟性が上がる仕組みについてお話しします。

多くの人は、筋肉はゴムのように伸縮するものだと考えています。ストレッチをして筋肉を引っ張れば伸びる、というイメージです。けれども、実際には筋肉がゴムのように伸びたり縮んだりすることはありません。

筋肉は、ゴムというよりロープに近いものです。1本のロープを引っ張っても伸び縮みはしませんが、新たなロープを結びつければ長くなります。

つまり、ストレッチをして柔軟性を上げるのは、筋肉を引っ張って伸ばすためではなく、**筋肉を追加して長くすること**が目的なのです。

ここで筋肉が長くなる仕組みを、もう少し解説してみます。

筋肉は「筋線維」という細長い細胞を束ねた集合体です。この筋線維は、さらに無数の「筋原線維」から成り立っています。筋原線維は「筋節（サルコメア）」を一つ

柔軟性が上がる仕組み

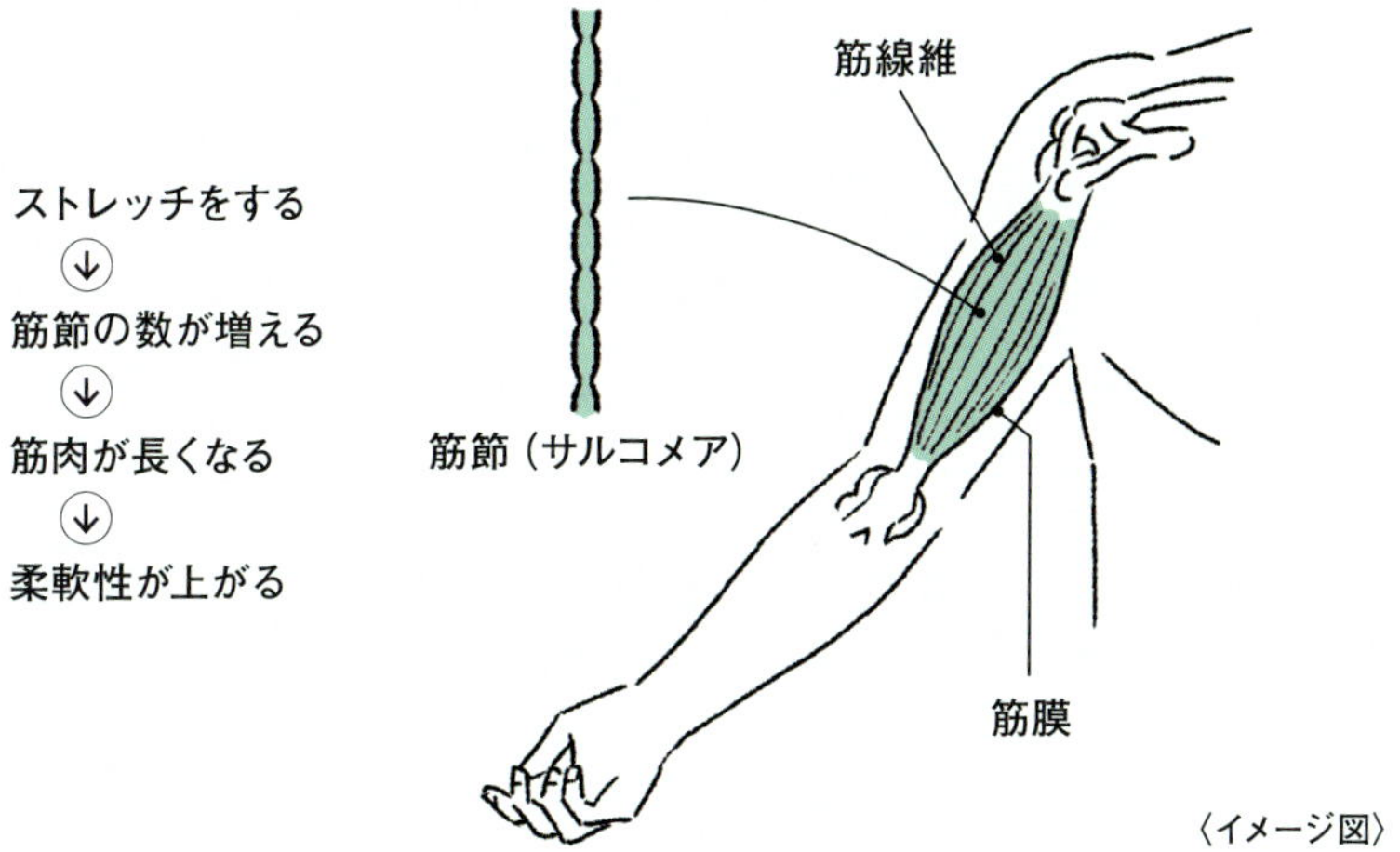

〈イメージ図〉

ひとつなぎながら、まるでチェーンのように形成されています（→上図）。

この筋節が筋肉の最小単位であり、筋節の数が増えれば、筋肉の長さが長くなります。チェーンの輪っかの数が増えれば、チェーンの長さが長くなるのと同じです。

では、どうしたら筋節の数を増やせるのかといえば、答えは一つ。毎日継続的にストレッチを行うことで、細胞分裂が起きて筋節の数が増えると考えられています。

筋節が増えると筋肉が長くなるので、関節の可動域が広がって柔軟性が向上するという仕組みです。

Stretching as I know it

柔軟性が上がっても関節が動く範囲は決まっている

ストレッチをすれば、筋節が増えて筋肉が長くなる→柔軟性が上がる。そう考えると、柔軟性をどれだけ高めても、健康上のリスクはないようにも思えます。

しかし、問題は筋肉ではなく関節にあります。**人間の関節がもともと持っている可動範囲というのは、すべて角度が決められているのです。**体を曲げようとしても、関節の構造上、限界があるということです。

たとえば、人の頭を支えている頸椎《けいつい》は、7個の骨が積み木のように積み重なっています。このうち、上から1番目と2番目の骨をつなぐ関節は、回旋（回す）動作をとるときには47度動くとされています。つまり、首を回す動きの約半分を、この関節が担っているということです（可動域の数値は研究者によって若干違いがあります）。同じように腰椎《ようつい》を見てみましょう。腰椎は、頸椎とは逆に回旋に弱いという特徴があります。

腰椎の関節が回りすぎると神経を傷つけるなどの弊害があるので、そもそも回旋できないようになっているのです。その代わり、屈曲《くっきょく》と伸展《しんてん》、側屈《そっくつ》（傾ける）動作を担う役割があります。

体操などで「腰を回しましょう」というとき、体はどのように動いているのかというと、胸椎《きょうつい》と股関節が回旋しています。胸椎の関節が、それぞれ7～9度程度回旋することで、全体として60度くらいまで回すことができているのです。

ストレッチが目指すのは本来の可動域

もちろん、頸椎や胸椎といった背骨の関節だけでなく、肩関節、股関節など、人間の関節にはすべて可動域が定められています。体の柔軟性が失われると、それぞれの関節の可動域が狭まり、体の不調を感じることもあります。

そこで、関節が本来の可動域まで動くようにストレッチを行っていくわけです。

では、関節可動域の限界を超えた、過剰な柔軟性を身につけるとどうなるのか。これは、体に負荷をかけることになりますから、当然、健康上の問題を抱えることになります。体操選手やバレリーナが１８０度開脚、あるいはそれ以上の動きをするのは、体の本来の仕組みに反しており、決して健康的とはいえないのです。

Stretching as I know it

アスリートは靭帯をゆるませることで柔軟性を手に入れている

では、トップアスリートたちは、どのようにして過剰な柔軟性を手に入れているのでしょうか。その方法の一つが「**靭帯《じんたい》を伸ばす**」というやり方です。

靭帯とは、骨と骨を結んでいる帯のようなもの。骨どうしのつなぎ目が崩れないように、骨のまわりを靭帯で覆って補強しているわけです。

靭帯は人間の体の静的な安定を司る役割を担っています。私たちが安定して立つことができるのは、靭帯のおかげでもあります。

この靭帯は、基本的には強い力で引っ張っても簡単に伸びないようにできているのですが、過度な負荷をかけると損傷することがあります。

靭帯が損傷している状態を一般的に「靭帯が伸びた」といい、結果として靭帯が断裂してしまった状態を「靭帯が切れた」と表現しています。

靭帯は時間をかけて過剰に伸ばしていくと、切れないまでも伸びてゆるんだ状態になります。トップアスリートは、この**靭帯が伸びている状態を意図的につくり出して**

靱帯が伸びた状態とは

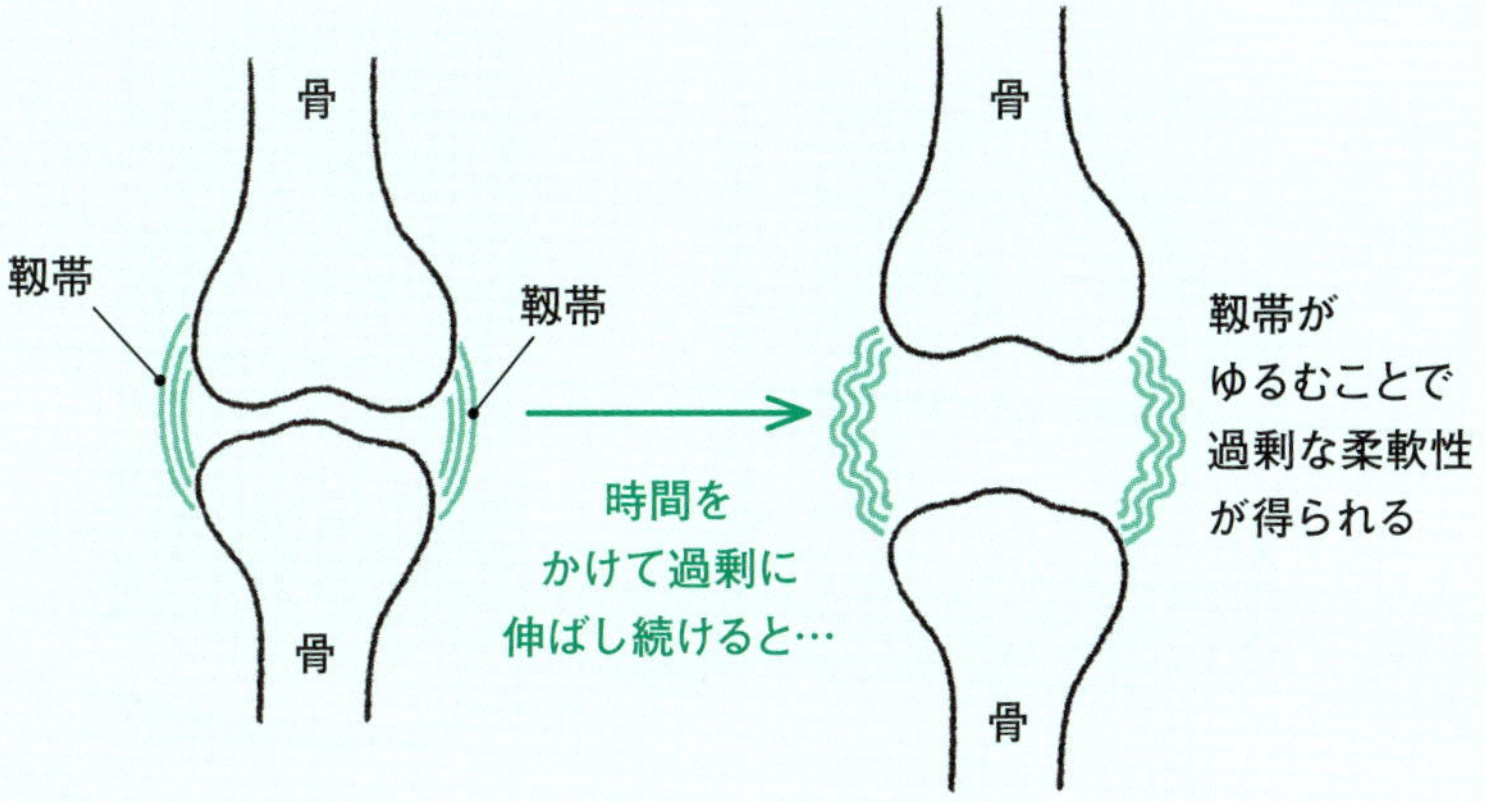

〈イメージ図〉

いる場合もあるのです。

ただし、急激に伸ばすと危険なので、時間をかけて少しずつ伸ばしていきます。「これ以上伸びると靱帯が切れてしまう」ギリギリのレベルまで伸ばして、また戻す。

過剰なストレッチを繰り返すことによって、靱帯を徐々にゆるませていくのです。

同時に、筋節の数も増やしていき、筋肉の長さも長くしていきます。

こうして日々の努力の果てに、ありえない方向に体が曲がるくらいの過剰な柔軟性を獲得しています。そうしなければ競技ができないという理由でトレーニングをしているわけです。

Stretching as I know it

骨の形を変形させて柔軟性を手に入れる

過剰な柔軟性を手に入れる方法の二つめは、**「骨の形を変形させる」**というものです。

たとえば、背骨を後ろに反らすという状況をイメージしてみてください。グーッと反らせていくと、いずれ椎体《ついたい》（椎骨の円柱状の部分）と椎体がぶつかるポイントがあります。骨がぶつかると、骨同士がロックされて、それ以上後ろに反らすのは不可能です（↓左ページ図）。

原理的に考えれば、体を後ろに反らせて、股の下から顔を出すような芸当はできないはず……。ですが、実際にそういった曲芸を実演している人がいます。いったいどういう理屈なのでしょうか。

もちろん、靭帯を伸ばすトレーニングはしているはずですが、それだけでは不十分です。体を後ろに反らせる行為を何度も繰り返して、「骨を削る」作業を行っているのです。**骨を削ることで、結果的に骨と骨がぶつからないようにしている**わけです。

厳密にいうと、削っているのは骨の突端にある軟骨部分です。軟骨は、骨と骨とのクッションの役割を果たしています。

私たちが生まれて間もない頃は、軟骨は形成されていません。アスリートは、この軟骨がまだ柔らかい状態にある子どもの頃からトレーニングをしているので、骨の形を変形させやすいのです。

そして、過剰な柔軟性を手に入れる三つめの方法が、**「関節唇《かんせつしん》を損傷する」**というものです。

関節には、関節唇という組織があります。関節唇は、鳥のくちばしのような形状をしており、関節をつなぎ止めるフックのような役割を果たしています。**ありえない方向に曲げ続けることで、このフックがはずれ、過剰な柔軟性が手に入る**という仕組みです。

骨同士がぶつかると、反らす動作がストップしてしまう

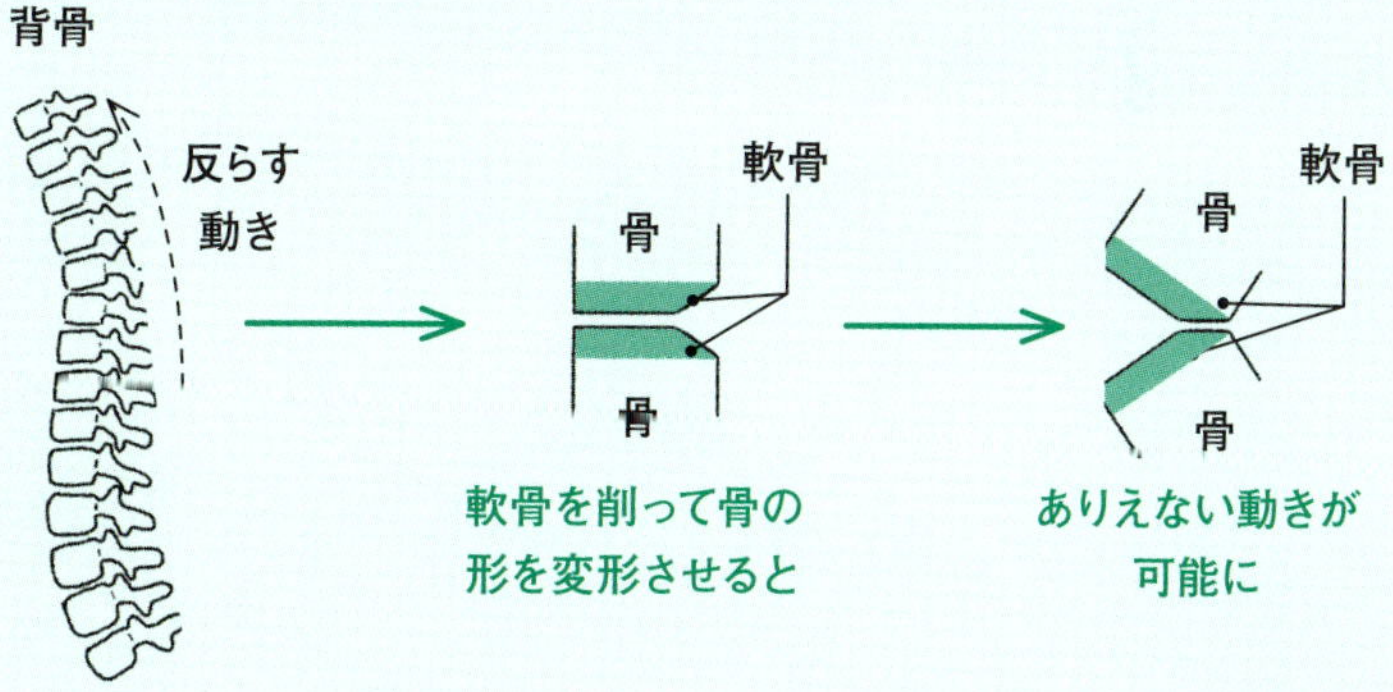

〈イメージ図〉

Stretching as
I know it

過剰な柔軟性には大きな代償が待っている

１８０度開脚のために靭帯が切れてしまったら大問題。けれども、少しずつゆるませる分には問題ないのではないか、と考える人がいるかもしれません。

靭帯がゆるんだら、体にはどのような影響があるのか。

その前に、もう一度、靭帯の役割を確認してみましょう。骨と骨をつないでいるのが靭帯と筋肉です。筋肉はロープのようなものであり、長くすることができます。これに対して、靭帯は「セロハンテープ」のようなイメージですから、長さを変えることはできません。ただし、「セロハンテープ」（靭帯）を引っ張り続けていると、徐々にゆるんでいきます。本来は、ピッタリと張りついて骨と骨を固定するはずの「セロハンテープ」が伸びていくわけです。

どうでしょう。そうイメージすると、イヤな感じがするはずです。

靭帯がゆるむと、骨と骨をつなぎ止める力が弱まりますから、当然ながら関節が不安定になります。筋肉がサポーターの役割を果たしているうちは問題ないかもしれませんが、年を重ねて筋肉の量が減ってくると、影響が表れ始めます。

たとえば、腰椎の骨と骨をつなぎ止める力が弱まると、骨がグラグラするようになり、腰痛を抱えるようになります。大腿骨《だいたいこつ》と骨盤をつなぐ靭帯がゆるむと、股関節がゆるみます。同じような仕組みで股関節に痛みを感じるようになります。これが「関節不安定症」と呼ばれる症状です。関節不安定症は、肩や足首などさまざまな関節で起こりうる症状です。

アスリートは試合に勝つためのストレッチをしている

トップアスリートが、靭帯をゆるめていることのリスクを自覚しながらトレーニングをしているのかどうかはわかりません。ただ、アスリートは試合に勝つためにハードなストレッチを行っています。

私が疑問に思うのは、１８０度開脚を一般の人向けにレクチャーしている人は、こうした過剰なストレッチのリスクを、どの程度認識しているのかということです。

そもそも一般の人の関節の可動範囲と、アスリートの可動範囲を同じように考える必要があるのでしょうか。

Stretching as I know it

「痛いストレッチ」はやらなくていい

私がストレッチを指導していると、「ストレッチは痛いしキツイし、拷問みたい……」という声を頻繁に耳にします。

そんな声をはじめて聞いたときには、驚きました。私にとってストレッチは気持ちのいい行為であり、リラクゼーションの時間だと思っていたからです。

ストレッチが気持ちよいと感じるのか痛いと感じるのかは、その人の体の硬さと大きく関係しています。体が硬い人は「ストレッチをするくらいなら、激しい運動をしているほうが体は楽！」と断言します。

たしかに、脚が少ししか上がらない人の脚を持って引き上げようとすると、痛さで悲鳴をあげます。痛みから逃れようとして脚を下げるために力を入れますから、疲労感もたまります。にもかかわらず、痛くても苦しくてもストレッチを頑張ろうとする人が後を絶ちません。なぜなら、「痛みや辛さに耐えてこそ、ストレッチの効果が生まれる」「１８０度開脚ができるくらい柔軟性がないとダメ」と信じているからです。

これは大きな誤解です。本来、**ストレッチは気持ちのいいものでなくてはならないのです。**そして、アスリートのようなハードなストレッチをして、１８０度開脚を目指す必要もありません。

体を無理やり引っ張ったり痛めつけたりしなくても、気持ちのいい範囲でストレッチをすることは可能です。自分自身がストレッチに満足して楽しむことで、効果が生まれるのです。

引っ張るだけがストレッチではない

たとえば、寝そべった状態からほとんど脚が上がらない人がいるとしましょう。この人がストレッチをする場合、脚を手前にグーッと引っ張るか、あるいは誰かに脚を手前に押してもらう方法を思い浮かべるかもしれません。

けれども、長座の姿勢から脚を左右に振って筋肉の緊張をほぐす、上から圧力をかけて筋肉をゆるめる方法も、立派なストレッチです。無理やり引っ張らなくても、筋肉をゆるめるところから徐々に伸ばしていけばよいのです。

Column

それでも180度
開脚をしたいですか？

骨の中には血管が通っており、血液を通じて骨がつくられていきます。軟骨も血液を通じて形成されるわけですが、私たちが成長して軟骨ができあがると、血管は軟骨の手前で閉ざされてしまいます。軟骨には血管が通っていないのです。

軟骨は血液を通じて栄養を運ぶことができないので、すり減ったり割れたりしてしまうと修復が不可能です。成長過程の子どもであればまだ再生の可能性がありますが、大人になってしまうと元に戻すのは不可能です。

厳密にいうと、現在は再生医療の技術が進化しているため、損傷度合にもよりますが技術的には医療の力で軟骨を再生することもできるとされています。ただし、多額の治療費を要するものであり、一部のアスリートが受けるような医療です。

果たして「医学の力で再生できるから、ストレッチで軟骨を削ってしまっても心配ない」と考える人がいるでしょうか。

PART

2

ストレッチの基本

ストレッチの種類、
いつストレッチをするのがよいか、
ストレッチをしてはいけないときなど、
ストレッチ効果を上げるための基本

The basics of stretching

「動的ストレッチ」と「静的ストレッチ」

ひと言で「ストレッチ」といっても、いろいろな種類があります。まず、大きく「動的ストレッチ」と「静的ストレッチ」の2種類に分けられます。

動的ストレッチは、文字どおり関節を大きく動かすストレッチです。**関節を繰り返し動かすことで、筋肉の伸長と収縮を促します。**これによって血行がよくなり、筋肉の温度（筋温）が上昇することで関節の可動域を一時的に広げていきます。そのためスポーツの準備運動として行われるのは、この動的ストレッチです。たとえばサッカー選手が練習前に行うブラジル体操などが代表的です。ブラジル体操によって、サッカーの動きに必要な部位の可動域を上げるわけです。

動的ストレッチには、さらにバリスティックストレッチングと呼ばれるものがあります。これは、反動をつけて行うストレッチです。小学生のときに、体育の時間にアキレス腱を伸ばす準備体操をした経験をお持ちの方は多いと思います。あれがバリスティックストレッチングです。

反動をつけることで筋肉が伸びているイメージがあるのですが、柔軟性を上げる効果はなく、逆に筋肉が縮こまってしまったり、組織に損傷を起こしたりする可能性があります。最近では、一部のアスリートを除いて行わない傾向があります。

運動不足の人も行いやすい静的ストレッチ

静的ストレッチは、**反動をつけずに筋肉をじっくり伸ばしながら、筋肉を長くして柔軟性を上げるためのストレッチ**です。たとえば、座った状態で脚を伸ばし、膝を曲げずにつま先を持つような動作がこれに当たります。静的ストレッチは、1部位20～30秒程度を2～3セット繰り返し行うと効果があるとされています。

運動に慣れていない人、体力に不安がある人でも行いやすいのが特徴です。本書で主に紹介するのも、この静的ストレッチです。

また、ＰＮＦストレッチというものもあります。これは、専門家の手を借りて、筋肉に抵抗を加えながら伸ばしてもらう方法です。一時期はブームになったこともあるのですが、現在では柔軟性を高める科学的な根拠を見出しにくいとの見解が一般的で、広がりを見せていません。

The basics of stretching

静的ストレッチは、有酸素運動の後に

前項では、準備運動のために動的ストレッチを行うというお話をしました。ここで一部の方は、次のような疑問を持ったかもしれません。

「運動前に静的ストレッチをしていたけど、これって準備運動にならないの？」

動的ストレッチと静的ストレッチの大きな違いは、筋温の上昇にあります。**動的ストレッチは筋温が上がりやすく、静的ストレッチは上がりにくい**ということです。

ウォーミングアップとは、文字どおりウォーム（温める）してアップ（上げる）する行為なので、静的ストレッチだけでは十分な準備運動になりません。

運動前に、手足を伸ばして静的ストレッチを行っている人をよく見かけますが、あれはウォーミングアップとしては間違いです。

もし準備運動の中に静的ストレッチを入れたいのであれば「動的ストレッチの後」です。筋膜（↓35ページ）には、温度の影響を非常に受けやすいという特徴がありま

す。体が温まると筋膜の抵抗が下がるので、柔軟性が一時的に上がります。

つまり、動的ストレッチの後に静的ストレッチをすれば、気持ちよく体を伸ばすことができるという仕組みです。

有酸素運動は15～30分が効果的

準備運動としては、動的ストレッチ以外にウォーキングやジョギングなどの有酸素運動も効果的です。

全身の筋肉の約3分の2は下半身に集中しているため、ウォーキングやジョギングで下半身を動かすことで、筋肉の血液循環がよくなり、筋温も上昇していきます。

では、どの程度有酸素運動をすればよいのか。専門家の実験によると、外気温が36度の暑い環境でも、5分程度の有酸素運動では効果が期待できないことがわかっています。

気温36度でも、ジョギングなど中強度（軽く汗をかく程度）以上の有酸素運動を15分以上続けることで、はじめて準備運動としての効果が生じます。逆に気温12度の寒い環境下では、有酸素運動を30分くらい行うのが効果的とされています。

The basics of stretching

体が痛くなるようなストレッチは逆効果

PART1では「『痛いストレッチ』はやらなくていい」「ハードなストレッチは逆効果」とお伝えしてきました。これも体のメカニズムを知れば一目瞭然です。

14ページで解説したように、筋肉は筋線維という細長い細胞が束ねられたものです。この筋線維には筋紡錘《きんぼうすい》という感覚器がついています。筋紡錘は、わかりやすく言えば、**筋肉の長さを感知するセンサー**のようなもの。ロープ状の筋線維にセンサーがついている状態をイメージしてください。

たとえば、私たちが仰向けの状態から片脚を伸ばしながら上げていくとしましょう。このときハムストリングスというももの裏の筋肉はグーッと引っ張られます。そのまま筋肉を引っ張り続けると、いずれは限界が来ます。限界を超えて引っ張ると、筋肉の線維も切れてしまいます。筋肉の線維が切れてしまうと、体としては困った事態を招くので、この危険を予防する仕組みを備えました。これこそが、筋紡錘のセンサーです。

筋肉をこれ以上伸ばすと切れる、という一歩手前の状況になると、筋紡錘のセンサーが作動し、脳に「筋肉を伸ばしてはいけない。縮ませなさい」という命令を出します。センサーが機能してくれているおかげで、筋肉の線維が切れるのを防いでくれているのです。

手足が震える手前で止めるのがベスト

ストレッチをするとき、痛くなるまで過剰に伸ばしすぎると、筋紡錘のセンサーがオンになります。すると、脳が筋肉に対して「縮みなさい」と命令を出した状態でストレッチをすることになります。柔軟性が上がるどころか逆効果になるのも当然です。筋肉を伸ばしたときに足が震えたり手が震えたりするのは、筋紡錘のセンサーがオンになっているという一つの目安。ですから、ストレッチは、手足が震える手前でとどめるのがベストです。

とはいえ、筋肉が伸びているかわからないようなやり方では、効果は期待できません。**「この人は筋肉を長くしようとする人なんですよ」**と体に教え込む必要があります。そこで重要なのが**「痛気持ちいい」感覚**を目指すことなのです。

The basics of stretching

道具を身につけてもストレッチ効果はない

スポーツ中継などで、アスリートが腕にリングをつけたりシールを貼ったりしているのを目にします。「これを装着すると、可動域が広がって動きが格段によくなる」と言われると、飛びつきたくなる人も少なくないはずです。

しかし、もう一度原理に照らして考えてみてください。**筋節（サルコメア）の数が増える→筋肉が長くなる→関節の可動域が広がって柔軟性が向上する**、です。

筋節が増えることによって柔軟性が上がるわけですから、リングやシールを装着すると、そこから何らかの成分が体内に染みこみ、筋節を増やすという状況が成立しなければなりません。ストレッチをまったくしないで、リングやシールだけで同じ効果を得ようとするのは無理があると思います。

筋膜のはたらきによる誤解

では、どうして多くの人がリングやシールをつけると柔軟性が上がると勘違いをしてしまうのか。これには、筋膜のはたらきが関係しています。

筋膜とは、筋線維（→14ページ）のまわりを覆っている膜のこと。筋線維は引っ張っても伸縮はしないのですが、まわりを覆っている筋膜は引っ張るとある程度伸縮し、ゆるませることができます。つまり、1回ストレッチをすると、筋線維自体を伸ばすことができないまでも、筋膜を伸ばし、一時的にゆるませることはできるのです。

一部のメーカーは、この効果を巧みに利用しています。

まず、何もつけない状態で被験者に立位体前屈をしてもらいます。次に、リングやシールを装着したうえで、再び立位体前屈をしてもらいます。

2回目のほうが、前屈の伸びは少し大きくなります。それもそのはずです。最初の前屈によって、筋膜の抵抗が一時的に下がって伸びているわけです。

道具のおかげで柔軟性が上がっているのではなく、一時的に柔軟性が高まる仕組みを利用しているだけなのです。

The basics of stretching

ストレッチで姿勢がよくなる？

どうしてストレッチをすると姿勢がよくなるのか。これは、体の仕組みを理解すれば簡単な理屈です。

人間の体をテントに見立ててみましょう。キャンプなどで野外に設営するテントを思い浮かべてみてください。テントを設営するときに、支柱がぐらついたりたおれたりしないように、私たちはロープをしっかりと張ります。

仮に左のロープをしっかり張っていても、右のロープがゆるんでいたならば、テントは右へと崩れてしまうはずです。テントをまっすぐに立てるためには、左右のロープを同じ長さにして、同じようにしっかりと張る必要があります。

この原理は、人体においてもまったく同じです。たとえば、頭部を中心に首から肩にかけて左右の筋肉がついています。左の筋肉に対して右の筋肉の柔軟性が失われると、頭は右へと傾いてしまいます。頭をまっすぐにできないわけですから、姿勢は悪化します。

つまり、**人間の姿勢が悪くなる原因は、筋肉の柔軟性がアンバランスになるところにあります。**逆にいえば、姿勢をよくするには、左右の筋肉の長さを均等にすればいいわけです。筋節の数が少ないほうを増やすとも言い換えられます。筋節の数を増やすには……もう解説するまでもないでしょう。ストレッチを行うしかありません。

ただし、姿勢をよくする要素は柔軟性以外にもあげられます。仮に左右の筋肉の柔軟性が同じであっても、一方の引っ張る力が強ければ（逆に一方の引っ張る力が弱ければ）、やはりバランスは崩れてしまいます。

こういったケースでは、ストレッチだけでは姿勢改善を図るのは難しいので、ストレッチと並行して筋力トレーニングを行う必要があります。

人間の体はテントのようなもの

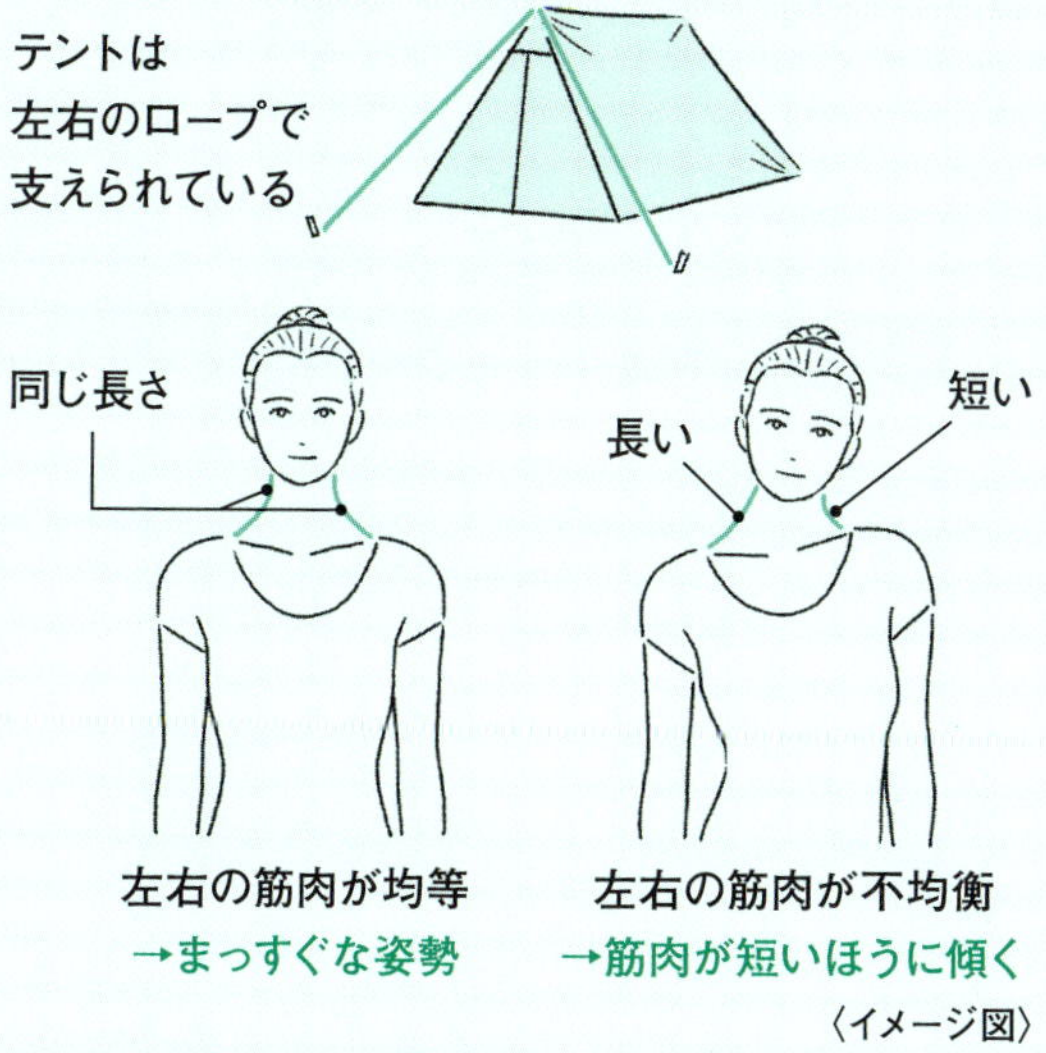
テントは
左右のロープで
支えられている
同じ長さ
長い
短い
左右の筋肉が均等
→まっすぐな姿勢
左右の筋肉が不均衡
→筋肉が短いほうに傾く
〈イメージ図〉

The basics of stretching

ストレッチでやせる？

人の体脂肪が燃焼するときには、リパーゼという酵素が必要となります。リパーゼのはたらきがよくなれば、脂肪燃焼量も高くなります。

ストレッチをしても、リパーゼのはたらきに作用を及ぼすという現象は確認されていません。つまり、「ストレッチをするとやせやすくなる」という直接的な因果関係は証明できないということです。

ただし、ストレッチをすると疲労回復しやすいとはいえます。というのも、筋肉が短い状態で動いていると、常に筋肉は緊張状態が続くので疲れやすくなります。一方で、**筋肉が適正な長さになると、筋肉が緊張している時間が短くなるので、疲れにくくなる**からです。

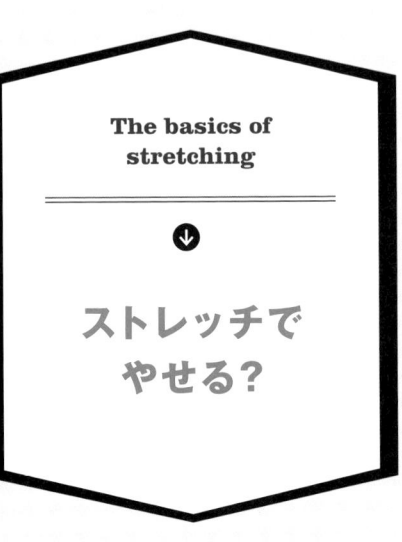

柔軟性に乏しい人が一生懸命ウォーキングをしたならば、翌日は脚が疲れてパンパンになるので、積極的に歩こうとは思わないでしょう。

反対に、柔軟性のある人は、ウォーキングをした翌日には疲れがとれている可能性が高いので、「今日は有酸素運動をしよう」「タクシーに乗らないで歩いて移動しよう」といった気持ちが起きやすくなると考えられます。

運動すると、消費カロリーは当然増えますから、やせることにもつながります。結果として、間接的には「ストレッチをするとやせやすくなる」とはいえそうです。

脚のストレッチをしても部分やせはしない

脚のストレッチをしていると、その部分の皮下脂肪が落ちやすくなり美脚になるというのもかなり無理があります。ある関節の柔軟性が上がることで、その部分の皮下脂肪が落ちやすくなるという仕組みにはなっていないからです。

これは体脂肪が燃焼する原理を冷静に考えればわかることです。たとえば人が脚を動かすと、全身についている体脂肪を溶かして血管の中に取り込み、それを動かしている筋肉のところへと送り、水と二酸化炭素に分解することによってエネルギーを生み出します。一部の体脂肪が優先的に使われるわけではないのです。部分やせを狙って、特定の関節のストレッチを行うのではなく、ダイエットはバランスのよい食事、有酸素運動、筋トレを行うことが大切なのです。

The basics of stretching

ストレッチで痛みがとれる？

筋肉の柔軟性が低下しているということは、筋肉の長さが短くなっているという意味でもあります。**筋肉が短くなり、その緊張度が高くなると、体の感覚は鈍くなっていきます。**

また、短くなった筋肉が緊張していると、血圧も上昇しやすくなり、血液の循環も悪化していきます。

血液の循環が悪化してくると、血液内での酸素と栄養素の欠乏が起こり、細胞に有害な老廃物も蓄積していきます。同時に筋肉量も減少していきます。

結果として慢性疾患やその他の疾病にかかりやすくなり、疲労物質がたまることで疲れやすくなるだけでなく、痛みや苦痛も感じやすくなります。

人間が疲労や痛み、苦痛を感じると、体は緊張状態から抜け出せなくなります。緊張すると、毛細血管が損傷し、侵害受容物質（痛みの刺激）が放出されて、新たな痛みにもつながります。

つまり、痛み→緊張→痛みの悪循環にはまり込んでしまうというわけです。この負のサイクルから脱するには、**ストレッチによって根本原因である筋肉の緊張を解消するのがいちばんです。**

ストレッチは痛みを解消したり、予防したりするのにも有効といえるのです。

ストレッチで動脈硬化を予防する

筋肉の柔軟性が低下することで、どのような慢性疾患、疾病のリスクが高まるのか。これについては、明確な答えが出ていません。とはいえ、柔軟性の低下が動脈硬化などの疾患に関係しているとの推測は可能です。

動脈硬化とは、文字どおり動脈（酸素や栄養素を体の各部に運ぶ血管）が硬くなり、血管の中に血栓や潰瘍ができる症状を指します。

この動脈硬化を防ぐには、血管をしなやかな状態に保つことが重要です。そこで大きな役割を果たすのがストレッチです。なぜなら、血管は筋肉の中を通っており、筋肉を伸ばすことによって血管も一緒に伸ばせるからです。

よくお医者さんが生活習慣病予防のために、不摂生な食生活を改善して、ストレッチを習慣づけましょうと指導することがあるのは、こうした理由があったのです。

The basics of stretching

柔軟性が高い人は筋トレが必要

一般的に高齢者よりも若者、男性よりも女性のほうが柔軟性は高いといわれていますが、普段の生活スタイルや体の使い方にも関係するので一概にはいえません。

ただ、一ついえるのは、ＰＡＲＴ１で述べたように柔軟性は高ければ高いほどいいというわけではないことです。

「私は体が柔らかいからストレッチをするのは気持ちいいし、大好き」

「もともと１８０度開脚ができる」

実はこういった人こそが要注意。柔軟性が高く、ストレッチが気持ちいいという人がストレッチをするのはよいのですが、それ以上無理に柔軟性を高めようとするのは禁物です。

過剰に柔軟性が高い人は、年齢とともに筋肉のサポーターが衰えてくると、今度は関節がゆるみやすいという問題が起きてきます。股関節痛や膝痛を抱えるおそれがあるのです。

柔軟性が高い人は、ストレッチに偏るのをやめて、筋力トレーニングを行う必要があります。筋肉のサポーターを維持すべきなのです。

高齢者は線維症に要注意

特に、運動不足の人や高齢者の中には、線《せん》維《い》症《しょう》と呼ばれる症状が起きるケースがあります。線維症とは、退化した筋線維が線維性の結合組織に替えられる現象のこと。わかりやすくいえば、退化した筋肉が線維のようになってしまう症状です。

線維症は、筋肉の使用頻度の減少によって起きます。いったん線維症になってしまうと、いくらストレッチをしても、退化した筋肉なので柔軟性を上げるのも非常に難しくなります。

ですから、線維症の人は、筋力トレーニングをして筋肉に負荷を与えて伸び縮みさせ、血流をよくしていくことが先決です。

また、線維症を予防するためにも、普段から体を動かし、筋力トレーニングを行うことが大切です。

The basics of stretching

短くなりやすい筋肉と弱くなりやすい筋肉

筋肉は、年齢とともに硬くなりやすい（**筋肉の長さが短くなりやすい**）ものと、弛緩しやすい（**弱くなりやすい**）ものの2種類に分けられます。

この筋肉の組み合わせを見ると、前かがみの姿勢ができる仕組みがわかります。

たとえば、胸の筋肉である大胸筋《だいきょうきん》は硬くなりやすい筋肉に分類されています。この大胸筋が硬くなると、肩関節が前に引っ張られ肩甲骨《けんこうこつ》が外に広がってしまうので猫背の姿勢になります。

一方で、肩甲骨を背骨側に寄せる役割を果たしている菱形筋《りょうけいきん》という筋肉があります。菱形筋は弱くなりやすい筋肉であり、弱くなるとやはり肩甲骨が外に広がってしまうので、猫背の姿勢となります。

つまり、お年寄りにねこ背が多いのは、大胸筋が硬くなり菱形筋が弱くなるというコンビネーションのせいだったのです。

同様に、高齢者が転倒しやすくなるのも、腓腹筋《ひふくきん》、ヒラメ筋（ふくらはぎの筋肉）と

やわらかさのバランスをとる

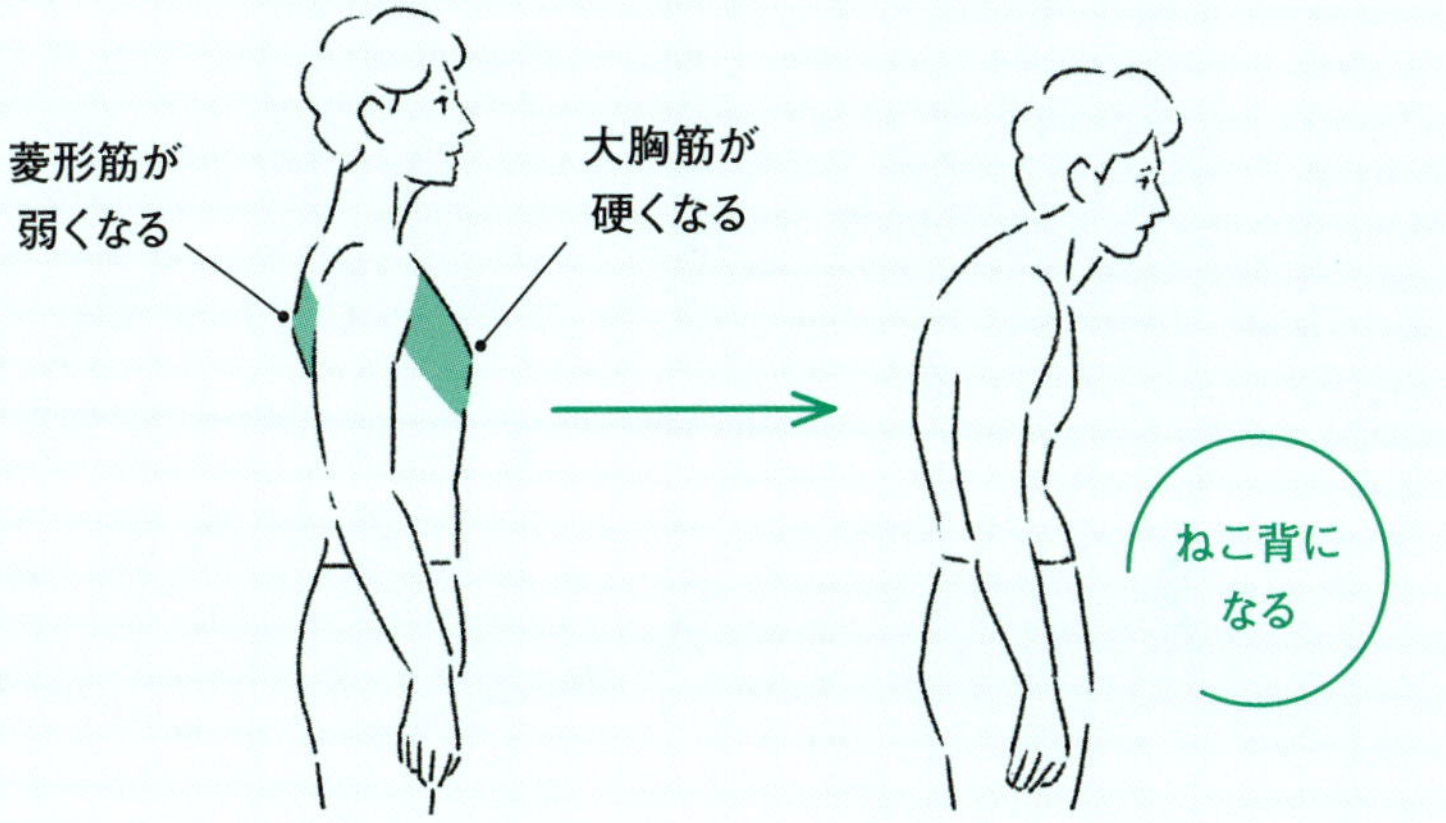
菱形筋が
弱くなる
大胸筋が
硬くなる
ねこ背に
なる

〈イメージ図〉

前脛骨筋《ぜんけいこつきん》（すねの筋肉）のコンビネーションで説明できます。ふくらはぎの筋肉が硬くなり短くなると、つま先が下を向きます。それをすねの筋肉で支えられないので、転びやすくなるわけです。

それを踏まえると、**硬くなりやすい筋肉はストレッチをして、弱くなりやすい筋肉は筋力トレーニングをする**のが前かがみ姿勢の予防につながることがわかります。一つの筋肉だけをストレッチして柔軟性を上げても、効果は得られないということです。あらためて、１８０度開脚だけができたところで健康とはほど遠いという理由がわかっていただけたのではないでしょうか。

The basics of stretching

ストレッチをしてはいけないときがある

基本的に、この本で紹介するストレッチを正しく行えば、柔軟性は上がります。しかし、なかにはストレッチをしても柔軟性が上がらない人がいます。柔軟性が制限される条件はいくつかあります。

一つめは、**骨折の経験者**です。骨折をして治ると、その部分の骨は太くなります。そのため関節の可動域が狭くなるので、曲げにくくなるのです。

私は、あるトライアスロンの選手から相談を受けたことがあります。その選手には、「右の股関節は伸びるけれど、左の股関節が伸びない。だから左側だけ柔軟性を上げたい」という悩みがありました。触ってみると、たしかに左の股関節には柔軟性がありません。そこで「もしかして左大腿骨の骨折をしたことがありますか？」と尋ねると、「レースで落車して……」との答えが返ってきました。こういった場合、それ以上柔軟性を上げるのは不可能となります。

二つめは、**変形性関節症**です。これは関節内で軟骨がつぶれ、骨の表面がギザギザになった状態です。関節を曲げようとしても、痛みで曲げられなくなります。

そして三つめは、**筋肉の温度**です。筋温が低いと筋膜の抵抗力が下がり、柔軟性が制限されます。この場合は、お風呂やサウナに入るか、軽いジョギングなどをしてからストレッチを行うようにします。セルフマッサージをして筋肉を温める方法もあります。

痛いときにはストレッチをしない

四つめは**神経**です。神経は筋肉の中を通っているため、筋肉を伸ばすと神経も一緒に伸ばされます。ストレッチをすれば、筋肉と連動して神経の柔軟性も高まるのです。

ここで神経に柔軟性がない場合、筋肉を伸ばそうとしたときに神経の伸びが追いつかなくなり、チクチクとした痛みが生じます。こうなったときにはストレッチを控え、医師や専門家に相談してください。

五つめは、**腰痛・肩の障害**です。腰や肩に限らず、ケガをしている部位は柔軟性が低くなります。痛みに対して体の防衛反応がはたらくからです。この場合も専門家に相談しながら無理に伸ばさずに、ゆっくり緊張を解いていく必要があります。

Column

ストレッチと正しい姿勢の関係

正しい姿勢とは、個々の関節にかかる力が最小となる姿勢のことです。

ある筋肉の引っ張る力が強すぎると、その部分の関節は圧迫されます。つまり、個々の関節にかかる力が最小となる姿勢とは、「すべての筋肉が均等に引っ張り合う姿勢」とも言い換えられます。

そう考えると、一定の部位だけが硬い、あるいは柔らかいという状態に問題があるというのも理解できるはずです。

たとえば「股関節の柔軟性が高く、１８０度開脚はできるけれど、他の関節は硬い」という場合、もしかしたら他の関節にかかる力が強くなる可能性があります。これでは正しい姿勢とはいえません。

大切なのは、すべての筋肉の柔軟性を均等に保つことです。ストレッチをする場合は、「下半身だけ」「上半身だけ」などに特化せず、できるだけバランスよく取り組むように意識しましょう。

PART
3

「動ける体」になる ストレッチ

❶体をセルフチェックする。
❷柔軟度を上げる必要がある部位を、
ポーズを選んでストレッチ

柔軟度チェック

どこが硬くてどこが柔らかいのかをチェックしよう！

筋量が低下すると、柔軟性が低下します。柔軟性の低下は20代から始まり、年齢とともに進んでいきます。このおもな原因が活動量の低下です。52～85ページの柔軟度チェックで、自分の体がどのくらい硬いのか柔らかいのかをチェックしてみてください。
チェックをしたら、硬いところ＝必要な部位のみをストレッチします。

適度な柔軟性があると…

関節を安定させます。障害の発生率も下げ、強い力を発揮することができます。

柔軟性が不足していると…

関節の可動域に制限がかかり、腱や筋肉を痛めてしまう可能性があります。また、さまざまな障害や骨格のゆがみなどにも関係してきます。
日ごろからストレッチをしましょう。さらに、筋量の低下も要因の一つですので、筋トレをすることで柔軟性が上がる場合もあります。

過度な柔軟性だと…

競技スポーツなど特殊な動きをする場合を除いて、過度な柔軟性は必要ありません。関節を不安定にさせます。
日ごろのストレッチよりも、筋肉量を増やす筋トレを行い、関節を安定させるために筋肉を増やすことをしましょう。

※柔軟性テストの注意点

1：チェックでは、「○～○cmだと適正」「握りこぶし○個分」と表現している箇所があります。手足の長さなど骨格バランスに影響があるので、あくまでも判定しやすいように目安として表記しています。
2：本書で紹介している柔軟性チェックは、個々の筋肉の柔軟性評価が正確にできるものではありません。骨格の違いや障害歴、体型の違い、バランスなども大きく影響します。正確な判断には専門家に相談をしてください。

柔軟度セルフチェックシート

		柔軟性不足	適度な柔軟性	過度な柔軟性
太もも　裏側［ハムストリングス］	P.52～P.53			
太もも　表側［大腿四頭筋］	P.54～P.55			
お尻［大臀筋］	P.56～P.57			
お尻の奥［梨状筋］	P.58～P.59			
太ももの内側［股関節内転筋群］	P.60～P.61			
骨盤の横［股関節外転筋群］	P.62～P.63			
腰・背中［腰背部］	P.64～P.65			
ふくらはぎ［下腿三頭筋］	P.66～P.67			
すね［前脛骨筋］	P.68～P.69			
足裏（土踏まず）［足底筋群］	P.70～P.71			
胸［大胸筋］	P.72～P.73			
肩［僧帽筋］	P.74～P.75			
肩［三角筋］	P.76～P.77			
背中［広背筋］	P.78～P.79			
腕　裏側［上腕三頭筋］	P.80～P.81			
腕　表側［上腕二頭筋］	P.82～P.83			
腕　前腕［腕橈骨筋］	P.84～P.85			

例

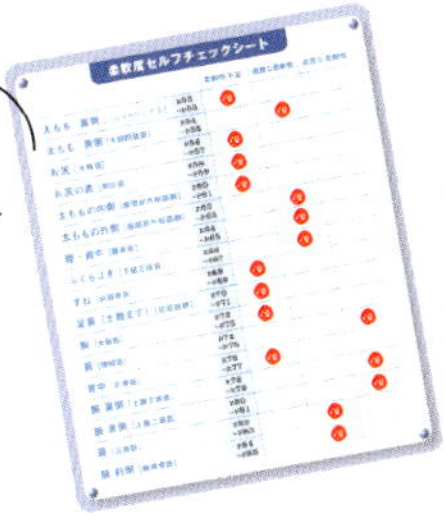

［チェックシートの使い方］

❶ 52～85ページにあるポーズをして、体を伸ばしてみてください。

❷ 柔軟の過不足を表にチェックしていきます。

❸ 柔軟性不足に●がついた部位だけ、集中してストレッチします。

01

Start Position

下半身

太ももの裏側【ハムストリングス】

床に仰向けになり、片脚を引き上げる。反対側の脚は床につけたまま、どこまで脚を引き寄せることができるかがポイント。

硬い！

柔軟性不足

硬すぎると…

歩幅が狭くなる。
つまずきやすくなる。
肉離れを起こしやすくなる。

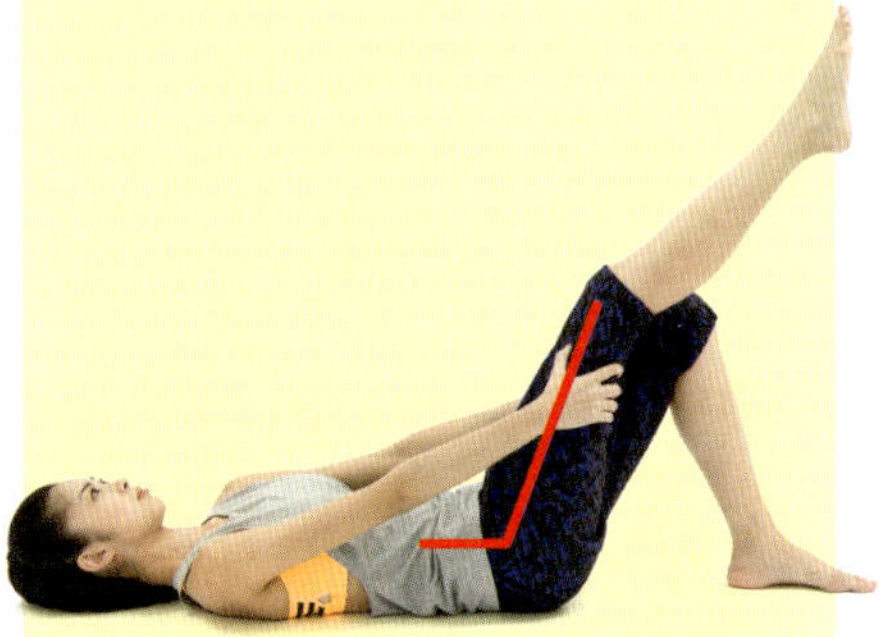

脚を伸ばしたとき、股関節の角度が90度のところまで引き寄せられない。

P88～97のストレッチをして、柔軟性を高めましょう。毎日継続的に行い、3カ月後に「適度な柔軟性」になれることを目標にします。

ハムストリングス

太ももの裏側にある筋肉で、大腿二頭筋《だいたいにとうきん》、半腱様筋《はんけんようきん》、半膜様筋《はんまくようきん》の3つの筋肉から構成される。脚を後ろに蹴り出すときなどに使い、弱く硬くなると肉離れを起こしやすくなる。ストレッチで、歩きやすい脚に。脚のむくみ、骨盤の後傾予防にもなる。

Arrange Check

片脚を他の人に持ってもらうか、自分で引き寄せてみて90度までいかない場合は硬い。

Check

❶太ももの裏側［ハムストリングス］

柔らか
すぎる!

過度な柔軟性

柔らかすぎると…

股関節が不安定になりやすくなり、筋肉や関節への負担が増える。

脚を伸ばしたとき、股関節の角度が90度以上になるところまで余裕で引き寄せることができてしまう。

↓

ストレッチをする必要はありません。それよりも筋力トレーニングをして関節の安定を高めることが大切です。

適度な柔軟性

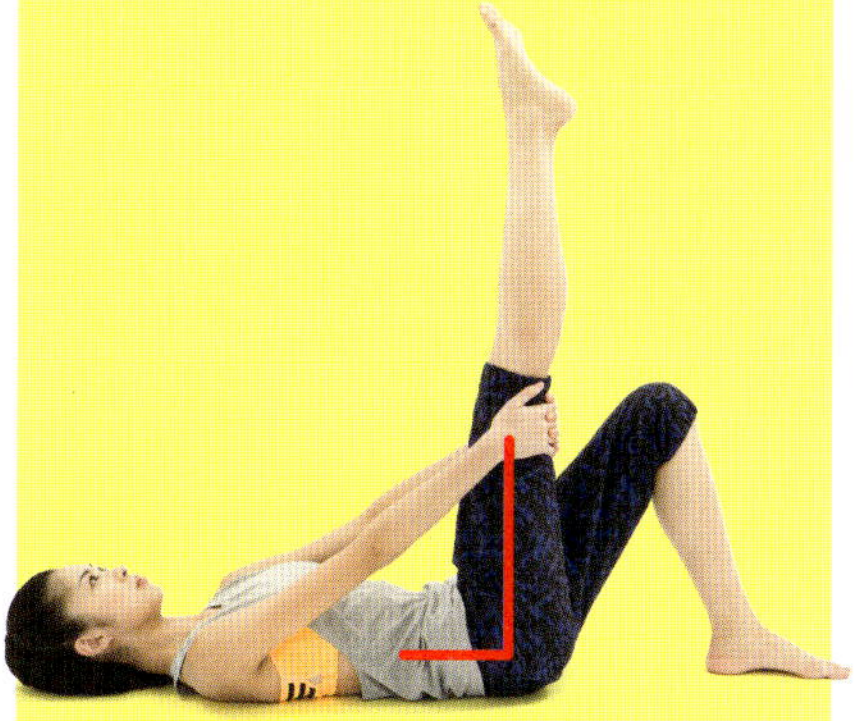

脚をまっすぐ伸ばしたとき、股関節が90度のところまで引き寄せることができる。

↓

運動後や疲労を感じるときにP88～97のストレッチをして、柔軟性を維持してください。過度な柔軟性を目指すのではなく、あくまでも維持を目標にします。

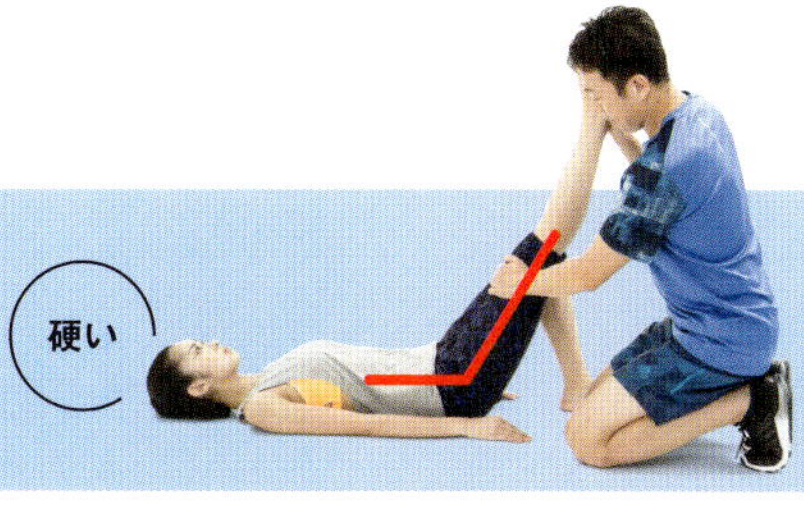

02

Start Position

下半身

太ももの表側【大《だい》腿《たい》四《し》頭《とう》筋《きん》】

床にうつ伏せになり、片膝を曲げる（体の柔らかい人は、仰向けになる）。反対側の脚は床につけたまま、足首をつかめるかがポイント。

硬い！

柔軟性不足

硬すぎると…

腰痛を起こしやすい。骨盤が前傾しやすい。

片方の足首をつかむことができない。

P98～109のストレッチをして、柔軟性を高めましょう。毎日継続的に行い、3カ月後に「適度な柔軟性」になれることを目標にします。

腸腰筋《ちょうようきん》

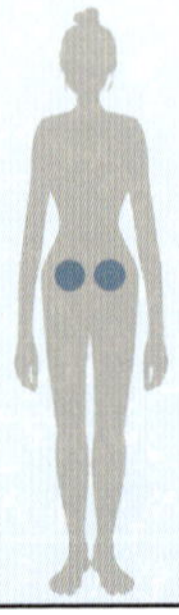

脚のつけ根にあり、上肢と下肢をつなぐ大きな筋肉。体の深部にある大腰筋《だいようきん》・腸骨筋《ちょうこつきん》からなり、脚を持ち上げるときなどにはたらく。硬くなると骨盤が前傾し、反り腰になるため、腰を反らせたときに痛みを感じるようになる。

大腿四頭筋

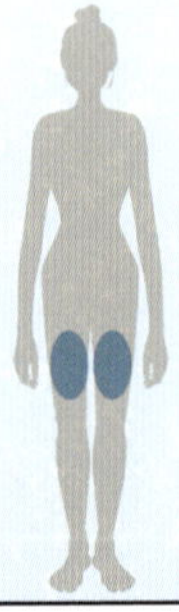

太ももの前面にある筋肉。大腿直筋《だいたいちょっきん》、外側広《がいそくこう》筋《きん》、内側広筋《ないそくこうきん》、中間広《ちゅうかんこう》筋《きん》という4つの筋肉から構成され、比較的面積が大きい。立ち仕事などで硬くなると脚の疲労を感じやすくなるので、こまめにストレッチしたい。

Check

❷太ももの表側［大腿四頭筋］

柔らかすぎる！

過度な柔軟性

柔らかすぎると…

股関節や膝関節が不安定になりやすくなり、筋肉や関節への負担が増える。

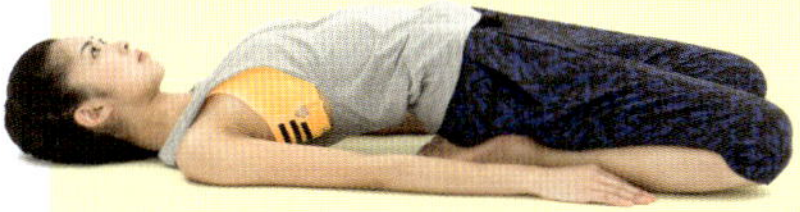

仰向けになり、両膝を曲げた状態で両膝が浮かずに簡単に体を後ろにたおすことができる。

ストレッチをする必要はありません。それよりも筋力トレーニングをして関節の安定を高めることが大切です。

適度な柔軟性

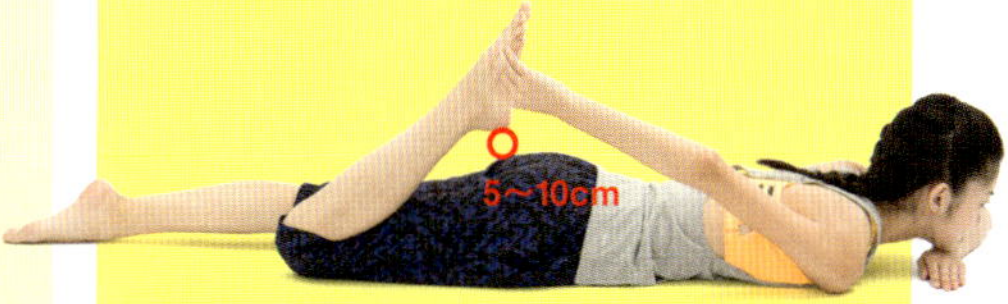

足首を持ったとき、かかとと臀部の距離が5～10㎝程度であれば腰に痛みを感じない。

運動後や疲労を感じるときにP98～109のストレッチをして、柔軟性を維持してください。過度な柔軟性を目指すのではなく、あくまでも維持を目標にします。

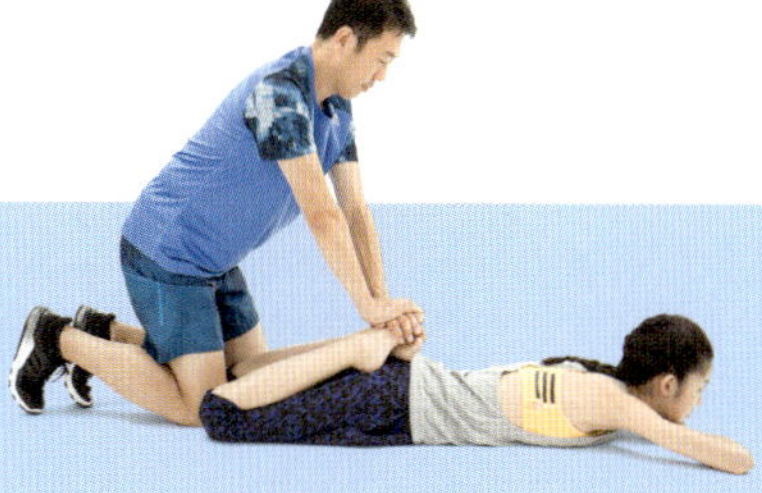

Arrange Check

うつ伏せの状態で、人に両足のかかとを臀部に押しつけてもらい腰が引っ張られ反るような感覚が強いと、腸腰筋の柔軟性が低い。

03

Start Position

下半身

お尻 【大《だい》臀《でん》筋《きん》】

床に座り、片膝を曲げる。膝下を両手で平行に引き上げる。膝下の引き上げ方がポイント。

硬い!

柔軟性不足

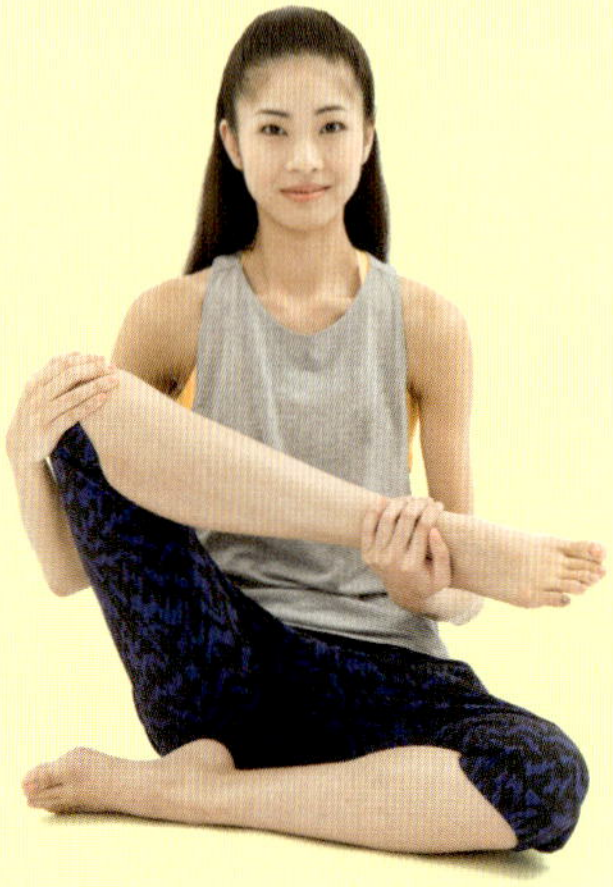

両手で膝下を持ったとき、すねが床と平行になるまで引き寄せられない。

硬すぎると…

反り腰になりやすい。
腰痛になりやすい。

P110 ～ 115のストレッチをして、柔軟性を高めましょう。毎日継続的に行い、3カ月後に「適度な柔軟性」になれることを目標にします。

大臀筋

臀部にある大きな筋肉。腰と下半身をつなぎ、骨盤を安定させる役割も担っている。ウォーキングやランニングをするときに地面からの衝撃を吸収するため、疲れやすい特徴がある。硬くなると腰痛を引き起こす恐れもある。

Check

❸お尻［大臀筋］

柔らかすぎる!

過度な柔軟性

両手で膝下を持ったとき、内くるぶしがあごのあたりまで無理なく引き寄せられる。

柔らかすぎると…

股関節が不安定になりやすくなり、筋肉や関節への負担が増える。

ストレッチをする必要はありません。それよりも筋力トレーニングをして関節の安定を高めることが大切です。

適度な柔軟性

両手で膝下を持ったとき、すねが床と平行になるまで無理なく引き寄せられる。

運動後や疲労を感じるときにP110 ～ 115のストレッチをして、柔軟性を維持してください。過度な柔軟性を目指すのではなく、あくまでも維持を目標にします。

04

Start Position

お尻の奥

下半身

【梨《り》状《じょう》筋《きん》】

床にうつ伏せになり、片脚を引き上げ、外側にたおすようにする。反対側の脚は床につけたまま足首を持ち上げられるかがポイント。

硬い！

柔軟性不足

硬すぎると…

つまずきやすくなる。
腰痛になりやすい。

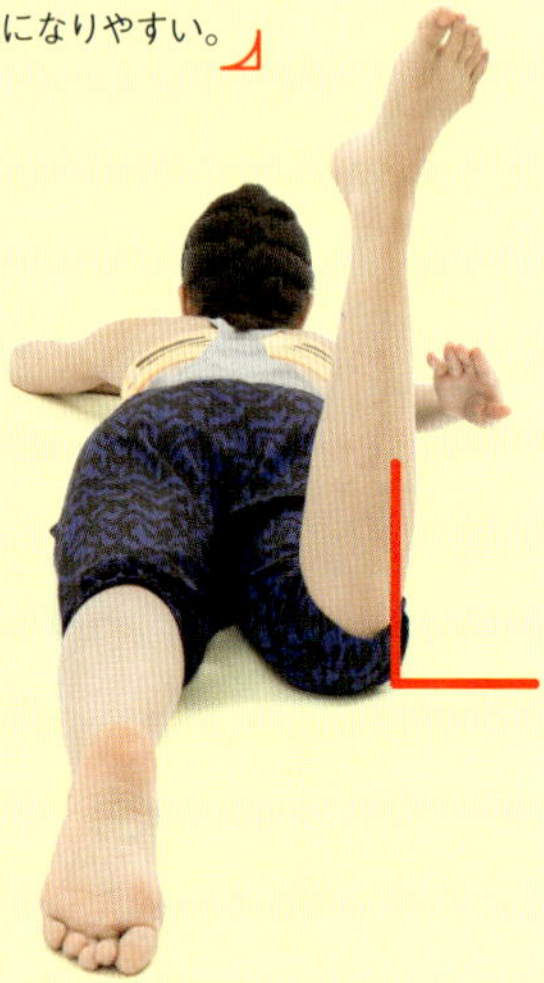

足首をつかむことも困難。

P116～117のストレッチをして、柔軟性を高めましょう。毎日継続的に行い、3カ月後に「適度な柔軟性」になれることを目標にします。

梨状筋

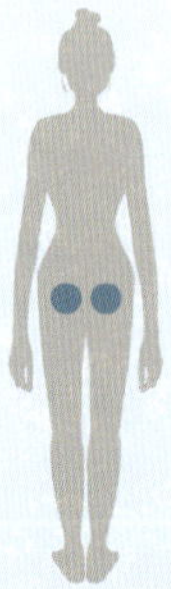

臀部の深層部にある筋肉で、洋梨の形に似ている。筋肉そのものは小さいものの、硬くなると坐骨神経痛の原因ともなり、腰から脚にかけてのしびれや痛みにもつながりやすい。ストレッチでしっかり伸ばしておくことが大切。梨状筋が血流を調節している神経を圧迫すると、血流も悪くなり、下半身の冷えの原因にもなりやすい。

Check

❹お尻の奥［梨状筋］

柔らかすぎる！

過度な柔軟性

柔らかすぎると…

股関節が不安定になりやすく、
筋肉や関節への負担が増える。

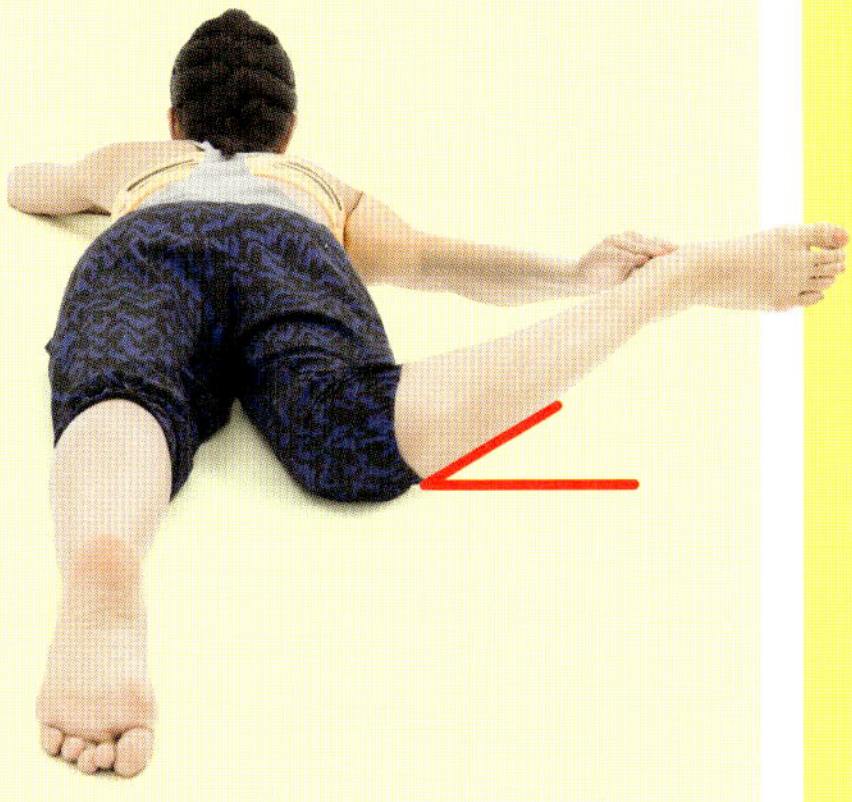

足首を持って外側にたおしたときに、床にぴったりついてしまう。

ストレッチをする必要はありません。それよりも筋力トレーニングをして関節の安定を高めることが大切です。

適度な柔軟性

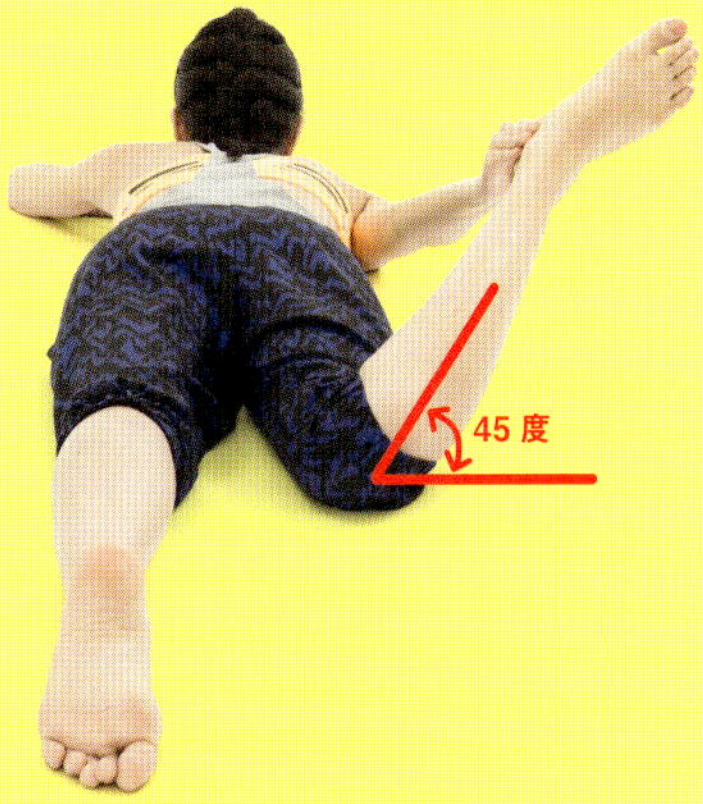

足首を持ち上げたとき、反対側の骨盤が浮かない状態で脛骨《けいこつ》が45度程度開く。

運動後や疲労を感じるときにP116 ～ 117のストレッチをして、柔軟性を維持してください。過度な柔軟性を目指すのではなく、あくまでも維持を目標にします。

05

Start Position

下半身

太ももの内側【股《こ》関《かん》節《せつ》内《ない》転《てん》筋《きん》群《ぐん》】

床に座り、両足の裏どうしをつける。
体の柔らかい人は、両足を180度に広げる。
股関節の開き具合がポイント。

硬い！

柔軟性不足

床に座り、両足の裏どうしをつけたとき、膝と床の間に握りこぶし3つ分以上あく。

硬すぎると…

歩幅が狭くなる。O脚が進む。つまずきやすくなる。腰痛、膝痛を起こしやすい。

P118～123のストレッチをして、柔軟性を高めましょう。毎日継続的に行い、3カ月後に「適度な柔軟性」になれることを目標にします。

股関節内転筋群

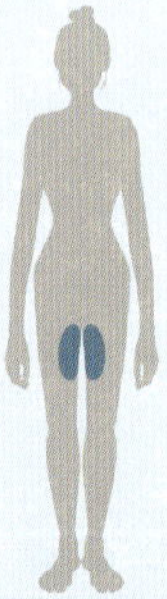

内またにある筋肉で、恥骨あたりについている。歩行などの動作を行う際に、股関節を安定させるはたらきを担っている。硬くなると骨盤が傾き、腰痛になりやすくなる。

Arrange Check

仰向けになり両膝を伸ばしたまま脚を広げる。脚を開いたとき、90度程度で開けると、適度に柔軟性がある。

Check
❺太ももの内側【股関節内転筋群】

柔らかすぎる!

過度な柔軟性

床に座って、180度開脚ができる。

柔らかすぎると…
股関節が不安定になり、筋肉や関節への負担が増える。

ストレッチをする必要はありません。それよりも筋力トレーニングをして関節の安定を高めることが大切です。

適度な柔軟性

床に座り、両足の裏どうしをつけたとき、膝と床の間が握りこぶし2個分程度あく。

運動後や疲労を感じるときにP118 ～ 123のストレッチをして、柔軟性を維持してください。過度な柔軟性を目指すのではなく、あくまでも維持を目標にします。

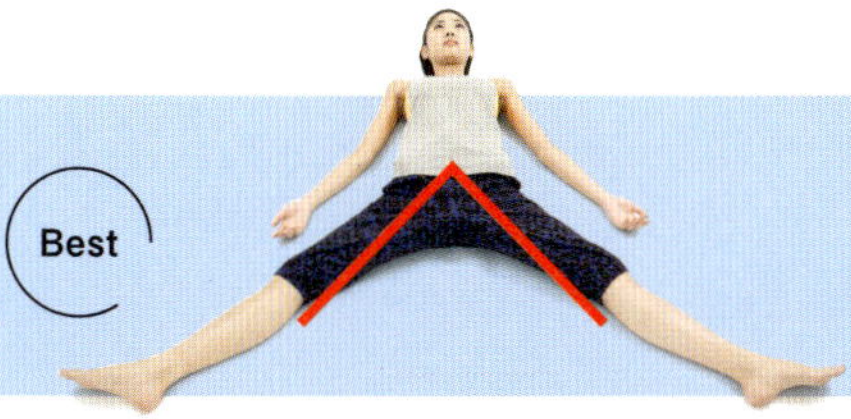

06

Start Position

下半身

骨盤の横【股関節外転筋群《こかんせつがいてんきんぐん》】

ベッドの端に横になり、片脚の力を抜いてぶら ーんと下ろす。伸ばした脚の下がり具合がポイント。

硬い！

柔軟性不足

硬すぎると…

腰痛、膝痛を起こしやすい。

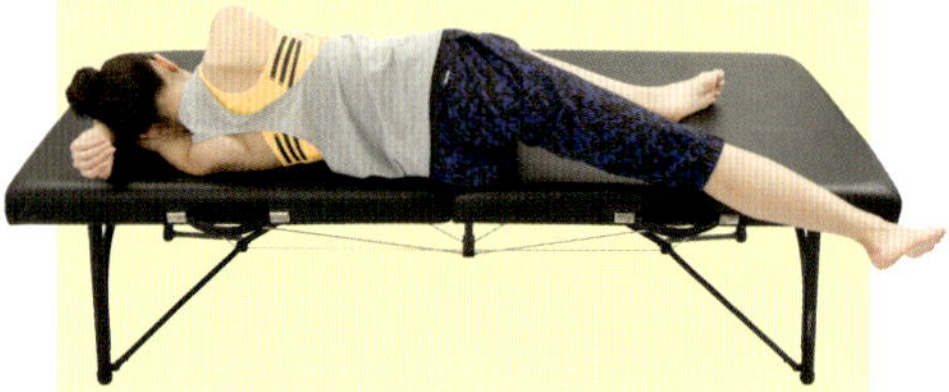

ベッドの端に横になり力を抜いて重力に脚をまかせると、伸ばした脚がベッドよりも下に下がらない。

P124 ～ 129のストレッチをして、柔軟性を高めましょう。毎日継続的に行い、3カ月後に「適度な柔軟性」になれることを目標にします。

股関節外転筋群

中臀筋《ちゅうでんきん》、大腿筋膜張筋《だいたいきんまくちょうきん》などの筋肉で構成される。中臀筋は臀部の左右側面にあり、開脚したり歩行したりするときに使われる筋肉。大腿筋膜張筋は太もも上部の外側にあり、股関節の屈曲、膝関節の伸展を行う。いずれも硬くなると腰痛や膝痛を招きやすいので要注意。

Check

❻骨盤の横【股関節外転筋群】

柔らかすぎる！

過度な柔軟性

柔らかすぎると…

股関節が不安定になり、筋肉や関節への負担が増える。

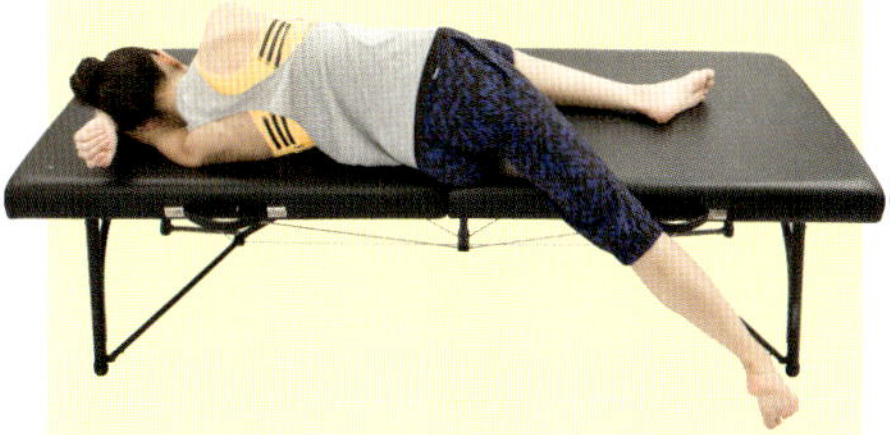

ベッドの端に横になり力を抜いて重力に脚をまかせると、脚が床についてもまったく伸び感が感じられない。

↓

ストレッチをする必要はありません。それよりも筋力トレーニングをして関節の安定を高めることが大切です。

適度な柔軟性

ベッドの端に横になり力を抜いて重力に脚をまかせると、軽く無理なくベッドよりも下に脚が下がる。

↓

運動後や疲労を感じるときにP124 ～ 129のストレッチをして、柔軟性を維持してください。過度な柔軟性を目指すのではなく、あくまでも維持を目標にします。

07

下半身

腰・背中【腰《よう》背《はい》部《ぶ》】

Start Position

床に仰向けになり、両膝を立てる。
体を横にひねったとき、床と体の浮き具合がポイント。

硬い!

柔軟性不足

硬すぎると…

腰痛、ねこ背、ストレートネックになりやすい。疲れやすい。

両手は体の横に置いて両膝を横にたおす。そのとき反対側の肩を床につけたまま、たおすことができず浮いてしまう。

P130 〜 133のストレッチをして、柔軟性を高めましょう。毎日継続的に行い、3カ月後に「適度な柔軟性」になれることを目標にします。

腰背部

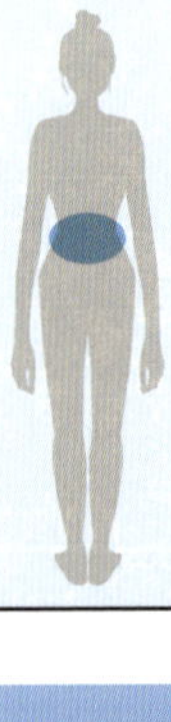

腰の部分にある筋肉の総称。腰椎を守り、体を前後させるときにはたらく。腰痛を抱えている人は、痛みに対する防御反応として腰背部の柔軟性が低下することがあるので、適度に柔軟性を高めておく必要がある。

柔らかすぎる!

過度な柔軟性

柔らかすぎると…
腰への負担が増える。

仰向けで万歳した状態から両膝を横にたおす。そのとき、体はぴったり床につけたまま行うことができてしまう。

↓

ストレッチをする必要はありません。それよりも筋力トレーニングをして関節の安定を高めることが大切です。

適度な柔軟性

両手を横に伸ばして両膝を横にたおす。そのとき、肩が浮くことがなく無理なくできる。

↓

運動後や疲労を感じるときにP130～133のストレッチをして、柔軟性を維持してください。過度な柔軟性を目指すのではなく、あくまでも維持を目標にします。

08

Start Position

下半身

ふくらはぎ【下《か》腿《たい》三《さん》頭《とう》筋《きん》】

まっすぐ立ち、両手を床につく。
両足のかかとの着地がポイント。

硬い！

柔軟性不足

硬すぎると…
疲れやすくなる。むくみやすい。

両手を床についたとき、両足のかかとを床につけることができない。

P134 ～ 141のストレッチをして、柔軟性を高めましょう。毎日継続的に行い、3カ月後に「適度な柔軟性」になれることを目標にします。

下腿三頭筋

腓《ひ》腹《ふく》筋《きん》とヒラメ筋からなる、ふくらはぎの筋肉の総称。腓腹筋は膝や足関節を曲げるときに使われる。ヒラメ筋は腓腹筋に連動して動き、足首を伸ばす動きに役立つ。長時間立った状態が続くと、疲れがたまりやすい。

柔らかすぎる!

過度な柔軟性

柔らかすぎると…

足関節や膝関節が不安定になり、筋肉や関節への負担が増える。

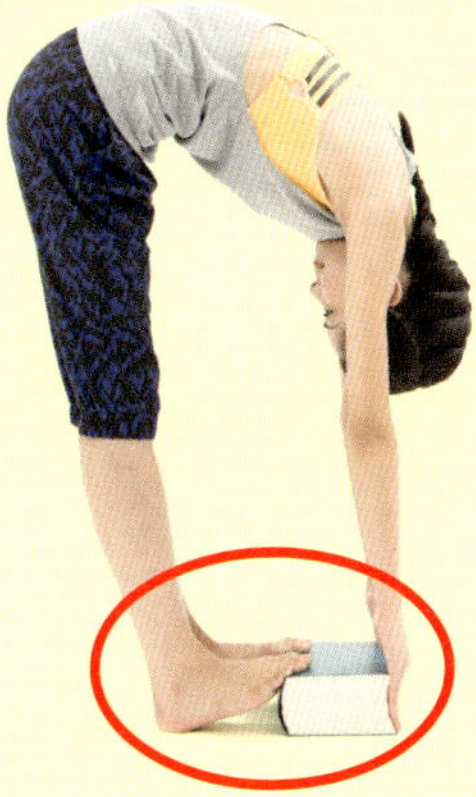

両足のつま先の下に事典や電話帳などを置き、膝を完全に伸ばした状態で両手の指先を床につけたまま立位体前屈ができる。

↓

ストレッチをする必要はありません。それよりも筋力トレーニングをして関節の安定を高めることが大切です。

適度な柔軟性

両手を床についたとき、膝を完全に伸ばしたまま無理なく両足のかかとがしっかり床につく。

↓

運動後や疲労を感じるときにP134～141のストレッチをして、柔軟性を維持してください。過度な柔軟性を目指すのではなく、あくまでも維持を目標にします。

09

下半身

すね【前《ぜん》脛《けい》骨《こつ》筋《きん》】

Start Position

床に正座をしてから、お尻を持ち上げ両膝立ちをする。
足の甲と床の距離がポイント。

硬い！

柔軟性不足

硬すぎると…

すねの痛み。
疲れやすい。

両膝立ちをしたとき、足の甲の一番高いところから床までの距離が5cm以上あいている。

P142～145のストレッチをして、柔軟性を高めましょう。毎日継続的に行い、3カ月後に「適度な柔軟性」になれることを目標にします。

前脛骨筋

すねに位置しており、歩いたり走ったりするときや、つま先を上げるときに使われる筋肉。硬くなると炎症を起こし、すね痛を引き起こすことがある。特にランナーに発症しやすいので、ストレッチで予防しておきたい。

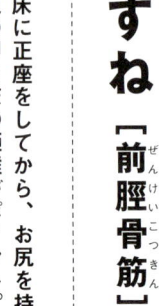

Check

❾すね［前脛骨筋］

柔らかすぎる!

過度な柔軟性

柔らかすぎると…

足関節が不安定になり、筋肉や関節への負担が増える。

両膝立ちをしたとき、足の甲が地面につく。

ストレッチをする必要はありません。それよりも筋力トレーニングをして関節の安定を高めることが大切です。

適度な柔軟性

両膝立ちをしたとき、足の甲の一番高いところから床までの距離が5cm程度あいている。

運動後や疲労を感じるときにP142 ～ 145のストレッチをして、柔軟性を維持してください。過度な柔軟性を目指すのではなく、あくまでも維持を目標にします。

Arrange Check

Best

硬い

正座をして、かかとにお尻をのせる。のせられない場合は、明らかに柔軟性が低い。

10

Start Position

下半身

足裏（土踏まず）【足底筋群《そくていきんぐん》】

まっすぐ立ち、足裏のラインをチェックする。土踏まずの浮き具合がポイント。

硬い！

柔軟性不足

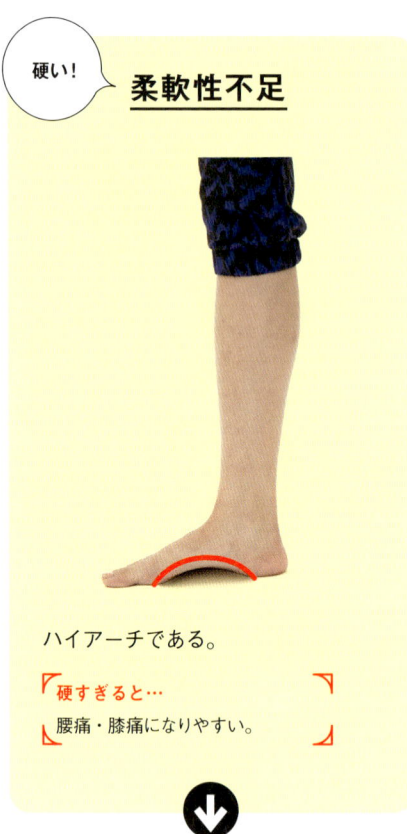

ハイアーチである。

硬すぎると…

腰痛・膝痛になりやすい。

P146〜149のストレッチをして、柔軟性を高めましょう。毎日継続的に行い、3カ月後に「適度な柔軟性」になれることを目標にします。

足底筋群

足を上げたり地面を踏んだりする動きに合わせて収縮する、足裏の筋肉。体重を支え、地面からの衝撃を吸収するはたらきがある。普段からよく歩く人、ハイヒールやミュールを履く人は硬くなりやすい傾向がある。

Check

⑩足裏（土踏まず）［足底筋群］

柔らかすぎる!

過度な柔軟性

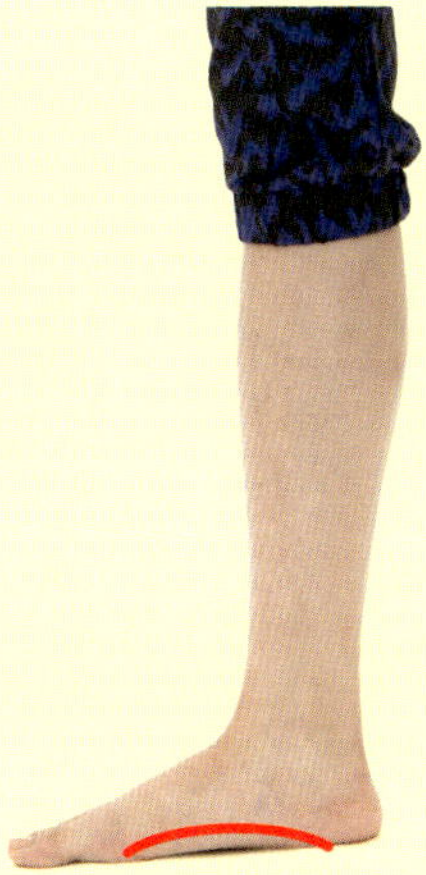

アーチがほとんどない（扁平足）。

柔らかすぎると…

足関節や膝関節が不安定になり、筋肉や関節への負担が増える。

ストレッチをする必要はありません。それよりも筋力トレーニングをして関節の安定を高めることが大切です。

※足底筋の過度な柔軟性は自分自身では測れないので、専門家に相談してください。

適度な柔軟性

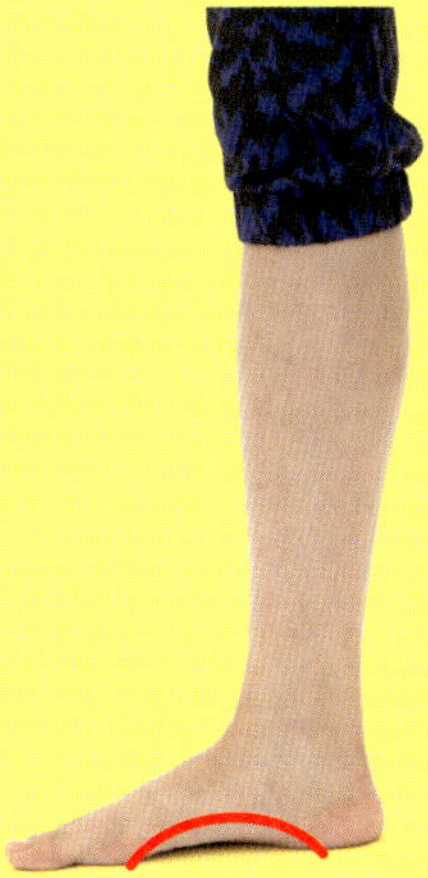

適度なアーチができている。

運動後や疲労を感じるときにP146 ～ 149のストレッチをして、柔軟性を維持してください。過度な柔軟性を目指すのではなく、あくまでも維持を目標にします。

Arrange Check

足底筋のストレッチポーズをとることができない場合、柔軟性不足。気持ちのよい伸び感を得ながらポーズを20秒程度無理なくできる場合は、適度な柔軟性があるといえる。

11

上半身

胸【大胸筋《だいきょうきん》】

Start Position

片手を壁につける。肩の浮き具合がポイント。

硬い！

柔軟性不足

「硬すぎると…」

ねこ背になりやすい。老化姿勢になりやすい。

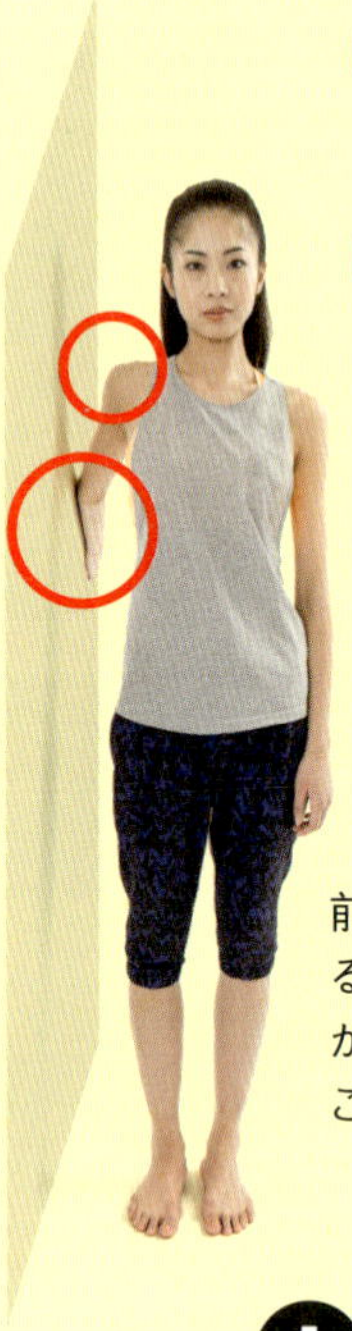

前腕を壁につけることができるが上腕をつけることができない。

P150～153のストレッチをして、柔軟性を高めましょう。毎日継続的に行い、3カ月後に「適度な柔軟性」になれることを目標にします。

大胸筋

胸部を覆っている筋肉。腕を動かすとき、物を抱えるとき、腕立て伏せをするときなどに使われる。加齢とともに硬くなりやすく、ねこ背の原因ともなる。柔軟性を高めることで姿勢を保つだけでなく、肩こり予防にもつながる。

Check

⑪ 胸 [大胸筋]

柔らかすぎる!

過度な柔軟性

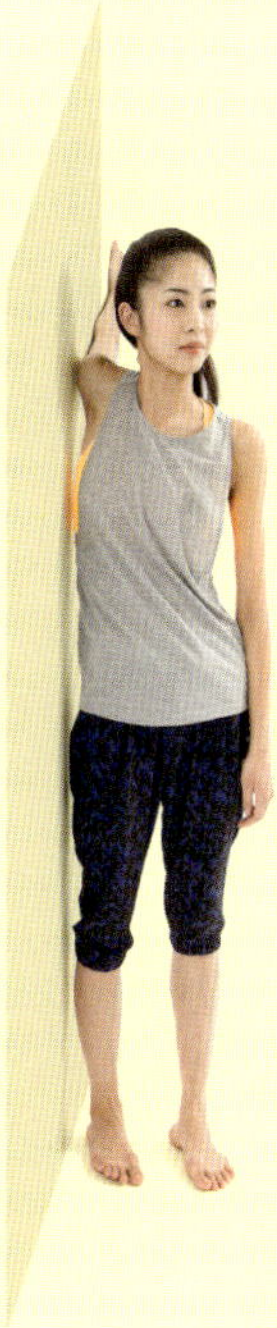

「柔らかすぎると…」
肩関節が不安定になり、筋肉や関節への負担が増える。

前腕、上腕、肩を壁につけたまま体を楽にひねることができる。腕は肩の高さ以上に上がっている。

↓

ストレッチをする必要はありません。それよりも筋力トレーニングをして関節の安定を高めることが大切です。

適度な柔軟性

前腕と上腕を無理なく壁につけることができる。

↓

運動後や疲労を感じるときにP150 ～ 153のストレッチをして、柔軟性を維持してください。過度な柔軟性を目指すのではなく、あくまでも維持を目標にします。

Arrange Check

Best

硬い

正座をして、背中で両手を組む。組めなければ柔軟性がかなり低い。

12

Start Position

上半身

肩【僧帽筋《そうぼうきん》】

まっすぐ立って両腕を前でクロスする。クロスの位置がポイント。

硬い！

柔軟性不足

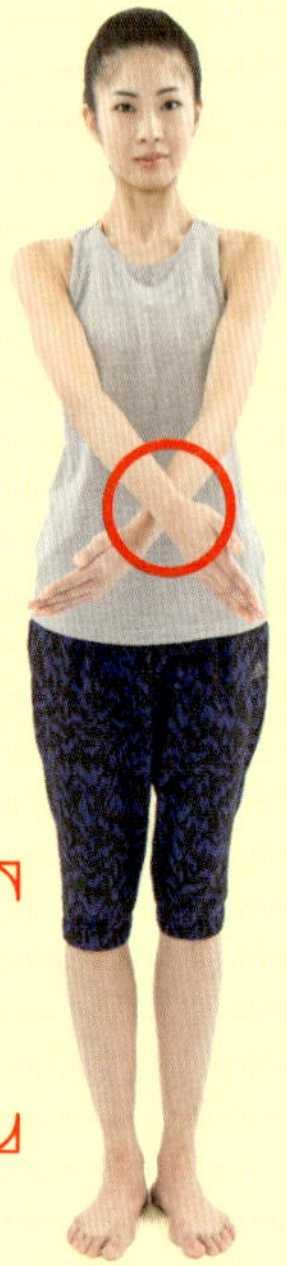

硬すぎると…

首こり、肩こりが起きやすい。ねこ背になりやすい。

手首でしかクロスすることができない。

P154～159のストレッチをして、柔軟性を高めましょう。毎日継続的に行い、3カ月後に「適度な柔軟性」になれることを目標にします。

僧帽筋

首から背中の上部にかけて広がる筋肉。硬くなると首や背中、肩のこりだけでなく、姿勢の悪化にもつながる。また、ストレスでも硬くなる特徴もある。

Check

⑫ 肩【僧帽筋】

柔らかすぎる!

過度な柔軟性

柔らかすぎると…

肩関節が不安定になり、筋肉や関節への負担が増える。

上腕で楽にクロスできる。

↓

ストレッチをする必要はありません。それよりも筋力トレーニングをして関節の安定を高めることが大切です。

適度な柔軟性

肘でクロスすることができる。

↓

運動後や疲労を感じるときにP154 ～ 159のストレッチをして、柔軟性を維持してください。過度な柔軟性を目指すのではなく、あくまでも維持を目標にします。

※体脂肪の多い方や女性で胸にボリュームがある方は、
正確に判定することができません。専門家に相談してください。

13

Start Position

上半身

✓ 肩【三《さん》角《かく》筋《きん》】

まっすぐ立ち、片手を下から背中側にまわす。背中のどの位置に触れられるかがポイント。

硬い！

柔軟性不足

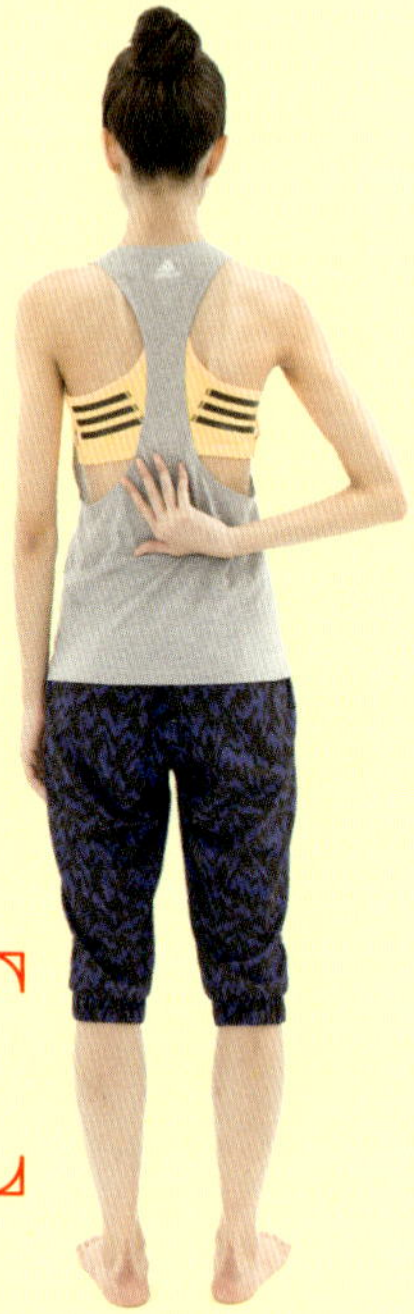

「硬すぎると…

肩こり、首こりを起こしやすい。」

手のひらで腰のあたりまでしか触れることができない。

↓

P160～161のストレッチをして、柔軟性を高めましょう。毎日継続的に行い、3カ月後に「適度な柔軟性」になれることを目標にします。

三角筋

肩関節を前後、外側から覆っている三角形の形をした肩の筋肉。可動域が広く、腕を前後左右に動かす役割を果たしている。大胸筋が弱い人は硬くなる傾向があり、硬くなると肩こりや四十肩・五十肩の原因ともなる。

柔らかすぎる！

過度な柔軟性

柔らかすぎると…

肩関節が不安定になりやすく、筋肉や関節への負担が増える。

両肩甲骨の中心あたりより上で、指先で背中を触れることができる。

↓

ストレッチをする必要はありません。それよりも筋力トレーニングをして関節の安定を高めることが大切です。

適度な柔軟性

指先で、両肩甲骨の下の角の中心あたりで背中を触れることができる。

↓

運動後や疲労を感じるときにP160 ～ 161のストレッチをして、柔軟性を維持してください。過度な柔軟性を目指すのではなく、あくまでも維持を目標にします。

14

Start Position

上半身

背中【広《こう》背《はい》筋《きん》】

床に仰向けになり、両腕をあげて、万歳をする。腕と床の間隔がポイント。

硬い！

柔軟性不足

硬すぎると…

背中のハリや疲労感が出やすい。
首こり、肩こりが起きやすい。
ねこ背になりやすい。

万歳をしたとき、両肘が床から大きく浮く。

P162 ～ 165のストレッチをして、柔軟性を高めましょう。毎日継続的に行い、3カ月後に「適度な柔軟性」になれることを目標にします。

広背筋

脇の下から背中、腰まで通っており、筋肉の中で最大の面積を持つ。物を引っ張ったりするときに使われる。硬くなると背中の張りや疲労感をもたらし、腕が上げにくくなるなどの弊害がある。

Check

⑬ 背中［広背筋］

柔らかすぎる!

過度な柔軟性

柔らかすぎると…

肩関節が不安定になりやすく、筋肉や関節への負担が増える。

万歳をして上腕までぴったり楽に床についてしまう。

ストレッチをする必要はありません。それよりも筋力トレーニングをして関節の安定を高めることが大切です。

適度な柔軟性

万歳をしたとき、無理なく両手を床につけることができる。

運動後や疲労を感じるときにP162 ～ 165のストレッチをして、柔軟性を維持してください。過度な柔軟性を目指すのではなく、あくまでも維持を目標にします。

Arrange Check

まっすぐ立ち、両膝を曲げて両手を耳の横で上げたままお尻をつき出す（オーバーヘッドスクワット）。このポーズがとれないと柔軟性が低い。

15

Start Position

上半身

腕 裏側［上《じょう》腕《わん》三《さん》頭《とう》筋《きん》］

まっすぐ立ち、片手を真上に上げた状態から肘を曲げる。手が背中のどの位置につくかがポイント。

硬い！

柔軟性不足

硬すぎると…

首こり、肩こりが起こりやすい。

体が床に対して垂直をキープしたまま肘を曲げたとき、指先が背中に触れることができない。

P166 ～ 167のストレッチをして、柔軟性を高めましょう。毎日継続的に行い、3カ月後に「適度な柔軟性」になれることを目標にします。

上腕三頭筋

上腕の裏側に位置し、肩関節から肘関節にまたがる筋肉。肘を伸ばすとき、物を投げるときなどにはたらく。硬くなると肩や首のこり、痛みを引き起こすため、柔軟性を保つ必要がある。広背筋と合わせて伸ばすと効果的。

Check

⑭腕 裏側［上腕三頭筋］

柔らかすぎる！

過度な柔軟性

柔らかすぎると…

肩関節が不安定になり、筋肉や関節への負担が増える。

体が床に対して垂直をキープしたまま肘を曲げたとき、肘を頭の真後ろに持っていっても手のひらで背中を触れることが無理なくできる。

↓

ストレッチをする必要はありません。それよりも筋力トレーニングをして関節の安定を高めることが大切です。

適度な柔軟性

体が床に対して垂直をキープしたまま肘を曲げたとき、手のひらで背中を触れることが無理なくできる。

↓

運動後や疲労を感じるときにP166 ～ 167のストレッチをして、柔軟性を維持してください。過度な柔軟性を目指すのではなく、あくまでも維持を目標にします。

16

上半身

腕 表側 [上《じょう》腕《わん》二《に》頭《とう》筋《きん》]

Start Position

床に膝をついて腰を下ろし、手首を前に向けて手のひらが床につくかがポイント。

硬い!

柔軟性不足

硬すぎると…

首・肩がこりやすい。

正座からつま先を立てて座ったとき、手のひらが浮き、床につけることができない。

P168～169のストレッチをして、柔軟性を高めましょう。毎日継続的に行い、3カ月後に「適度な柔軟性」になれることを目標にします。

上腕二頭筋

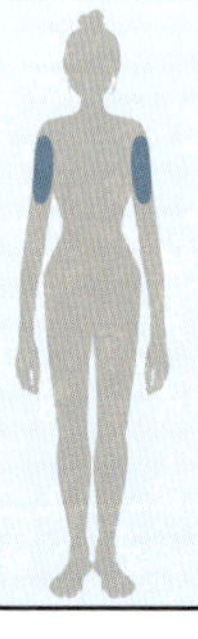

二の腕の内側にあり、肘を曲げたときに力こぶをつくる筋肉。食べ物を口に運ぶときなどに使われる。普段の生活では硬くなりにくいものの、長時間のデスクワークなどによって疲労やこりを感じることがある。

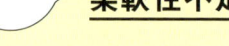

Check

⑮腕 表側［上腕二頭筋］

柔らかすぎる!

過度な柔軟性

柔らかすぎると…

肘や肩関節が不安定になり、筋肉や関節への負担が増える。

正座で手のひらが床につき、さらに体重を後ろにかけても床から離れることなく楽にできてしまう。

ストレッチをする必要はありません。それよりも筋力トレーニングをして関節の安定を高めることが大切です。

適度な柔軟性

正座からつま先を立てて座ったとき、手のひらを無理なく床につけることができる。

運動後や疲労を感じるときにP168 ～ 169のストレッチをして、柔軟性を維持してください。過度な柔軟性を目指すのではなく、あくまでも維持を目標にします。

17

Start Position

上半身

腕 前腕

【腕《わん》橈《とう》骨《こつ》筋《きん》】

床に膝をついて腰を下ろし、手の甲が床につくかがポイント。

硬い！

柔軟性不足

硬すぎると…

手首の痛み。
疲れやすい。

正座からつま先を立てて座ったとき、指先を自分に向けた状態で、手の甲を床につけることができず、浮いてしまう。

P170～171のストレッチをして、柔軟性を高めましょう。毎日継続的に行い、3カ月後に「適度な柔軟性」になれることを目標にします。

腕橈骨筋

前腕から手首をつなぎ、手首を曲げたり指を動かしたりする動作に関わっている。硬くなると痛みを伴うことがあるため、デスクワーカーや手作業に従事する人、ラケットスポーツを楽しむ人などは柔軟性を高めておきたい。

柔らかすぎる!

過度な柔軟性

柔らかすぎると…

手首の関節が不安定になり、筋肉や関節への負担が増える。

正座からつま先を立てて座ったとき、指先を自分に向けた状態で、手の甲が床につき、さらに体重を後ろにかけられる。

↓

ストレッチをする必要はありません。それよりも筋力トレーニングをして関節の安定を高めることが大切です。

適度な柔軟性

正座からつま先を立てて座ったとき、指先を自分に向けた状態で、手の甲が無理なく床につく。

↓

運動後や疲労を感じるときにP170 ～ 171のストレッチをして、柔軟性を維持してください。過度な柔軟性を目指すのではなく、あくまでも維持を目標にします。

自分の体で必要なところを伸ばそう！

柔軟度チェックで、自分の体のどこが硬いかがわかったら、その部位を重点的にストレッチしていきます。アンバランスな体の状態が変わると、ケガをしにくくなりますし、体の不調も解消していきます。

●体が効率よく伸びるコツ

「痛気持ちいい」を感じられる程度に伸ばす

強い痛みがなく、適度な伸び感を得られるくらい―「痛気持ちいい」くらいを目安にして、ストレッチします。強い痛みに耐えながら伸ばすと、筋肉や靭帯を傷めるおそれもあります。反対に、いつも動かしている範囲でストレッチをしても、柔軟性は上がりません。楽に伸びるようになったり、物足りなさを感じるようになったら、負荷をかけたストレッチポーズをしていきます。

１日～１日おきを目安にすると、続けやすい

硬い部分を優先的に、週に5～7日、1ポーズをして20～30秒、２～3セットを目安にストレッチします。ストレッチ効果を早く実感することができ、「ストレッチをしないと、気持ちが悪い」という状況になれば自然と継続もしやすくなります。

息をゆっくり吐きながらストレッチ

ストレッチをするときは、呼吸を止めずに息をゆっくり吐いて行います。副交感神経が優位になり、筋肉もリラックスしやすくなります。力を抜いて、筋肉の伸び感を楽に感じましょう。

[チェックシートの使い方]

1. 88～171ページにあるポーズを選んで、ストレッチします。
2. 自分の体に合う、「痛気持ちいい」感じられるものを選んで、続けてください。
   楽に伸びるようになったり、物足りなさを感じたら、違うストレッチポーズを選んで、続けてください。
3. 柔軟性不足に●がついた部位だけ、集中してストレッチします。

下半身

太もも 裏側［ハムストリングス］①

1 Start Position 床にあぐらをかいて座る。

2

右脚を前に伸ばし、
左脚は膝下に入れる。
右足先を右手で持ち、
外側に開いてキープ。

息を吐きながら
20～30秒

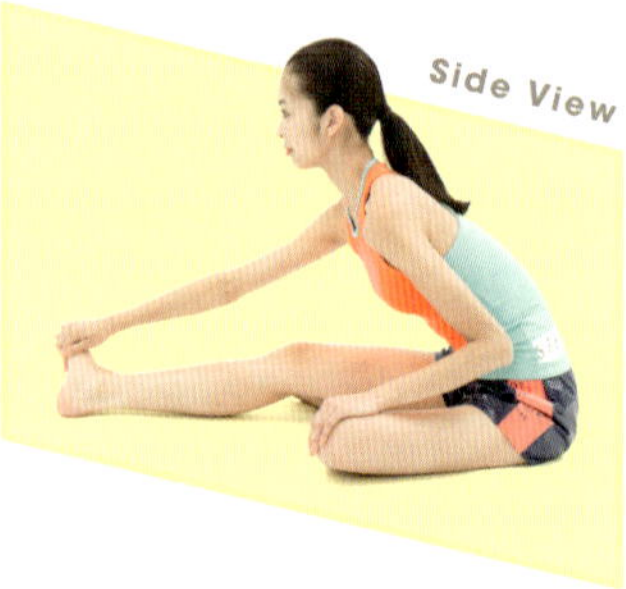

背中が丸くならないように、骨盤を立てる。

❶～❹を
2～3セット

Stretch 1 太もも 裏側［ハムストリングス］①

3

左手で右足先を持ち（右手は置きやすい位置に置く）、内側にたおすようにしてキープ。

息を吐きながら
20 ～ 30秒

4 ❶～❸を左脚も行う。

Arrange

足先をつかむのが難しい場合は、タオルなどを使って足首を曲げる。

下半身 太もも 裏側［ハムストリングス］②

❶ Start Position 椅子を用意する。

❷

椅子に浅く座り、右脚を前に出してかかとを床につける。
右足先を右手で持ち、外側に開いてキープ。

息を吐きながら
20～30秒

背中が丸くならないように、骨盤を立てる。

❶～❹を
2～3セット

Stretch ❷

太もも 裏側［ハムストリングス］②

3

左手で右足先を持ち（右手は置きやすい位置に置く）、内側にたおすようにしてキープ。

息を吐きながら
20 ～ 30秒

4 ❶～❸を左脚も行う。

Arrange

足先をつかむのが難しい場合は、両手を太ももの上に置き立って行う。その際、膝は少し曲げる。

下半身

太もも 裏側【ハムストリングス】③

❶ [Start Position] タオルを用意し、床に仰向けになる。

❷

タオルを右手に持ち、右足裏にかける。左脚は膝を立てる。右足先を外側に向けてキープ。

息を吐きながら
20 ～ 30秒

❶～❹を
2～3セット

Stretch 3

太もも 裏側［ハムストリングス］③

3

タオルを左手に持ち替える。左脚は膝を立てる。
右足先を内側に向けてキープ。

息を吐きながら
20 ～ 30秒

4 ❶～❸を左脚も行う。

下半身

太もも 裏側 ［ハムストリングス］④

❶ ［Start Position］ 椅子を用意する。

❷

両足を外側に向け、椅子の奥に両手を置く。両腕の中に頭を入れ、両膝、両腕を伸ばしたままキープ。

息を吐きながら 20 ～ 30秒

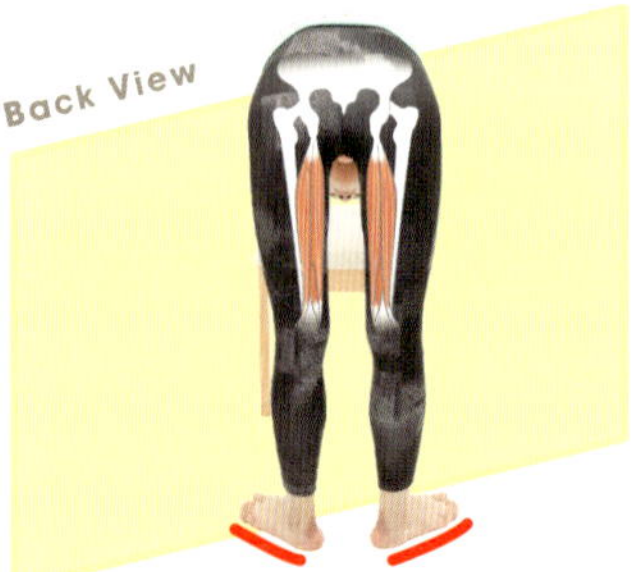

❶～❸を
2～3セット

Stretch 4

太もも裏側［ハムストリングス］④

3

両足を内側に向け、椅子の奥に両手を置く。
両腕の中に頭を入れ、両膝、両腕を伸ばしたままキープ。

息を吐きながら
20 ～ 30秒

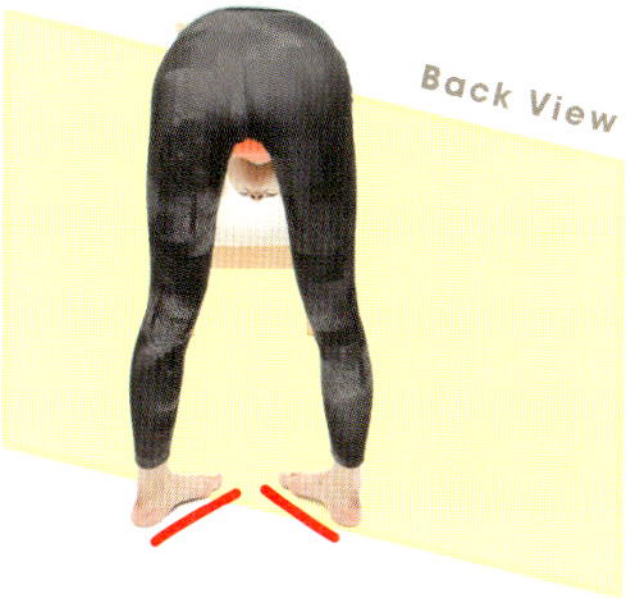

Arrange

椅子に両手をつけるのが難しい場合は、両足を外側や内側に向け、肘から手先を壁につけて伸ばす。

下半身

太もも 裏側 【ハムストリングス】⑤

1 [**Start Position**] 床に仰向けになる。

2

両足のかかと同士を近づけ、両足の内側を両手でつかむ。膝を伸ばしたまま、引っ張りキープ。

息を吐きながら
20 ～ 30秒

❶～❸を
2～3セット

Stretch 5

太もも 裏側［ハムストリングス］⑤

3

両足の親指同士を近づけ、両足の外側を両手でつかむ。脚を伸ばしたまま、下に引っ張りキープ。

息を吐きながら
20～30秒

Arrange

足先を両手でつかむのが難しい場合は、腰の下にクッションを置き、タオル（2本）を足裏にかけて引っ張る。

下半身

太もも　表側【大腿四頭筋】①

1

Start Position

壁を前にして立つ。

2

左の手のひらを壁につけたまま、右手で右足先を持ち、かかとをお尻にまっすぐ引き寄せてキープ。

息を吐きながら20～30秒

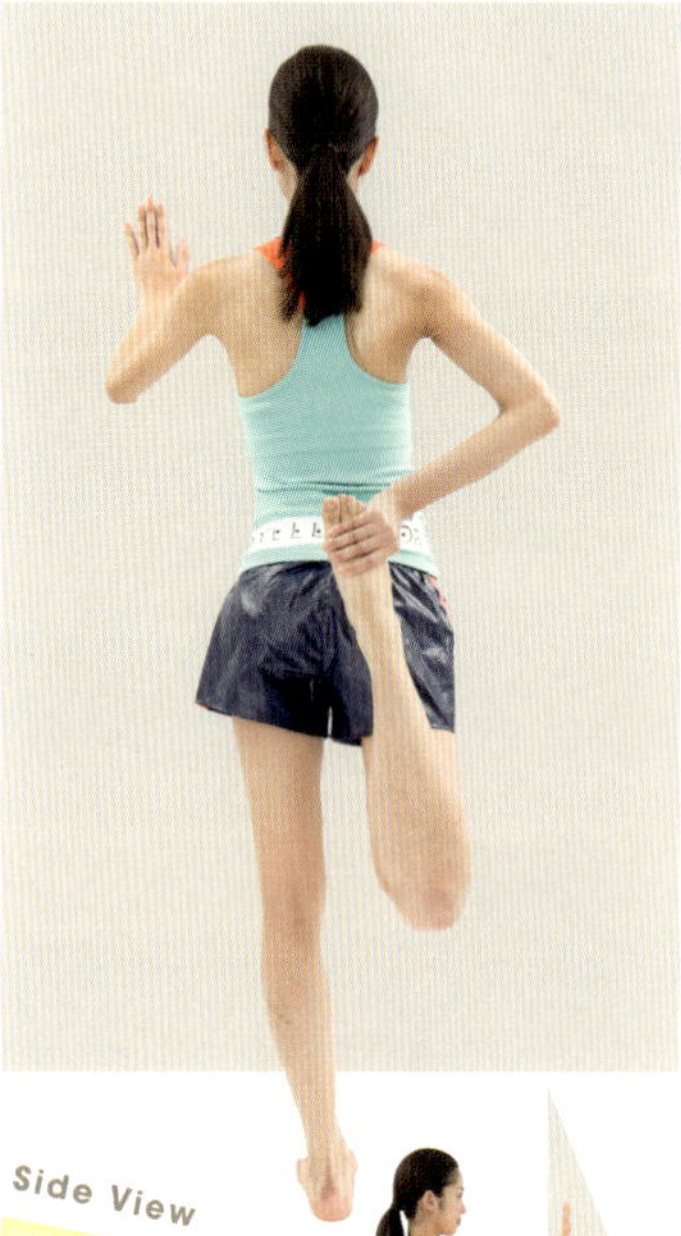

Side View

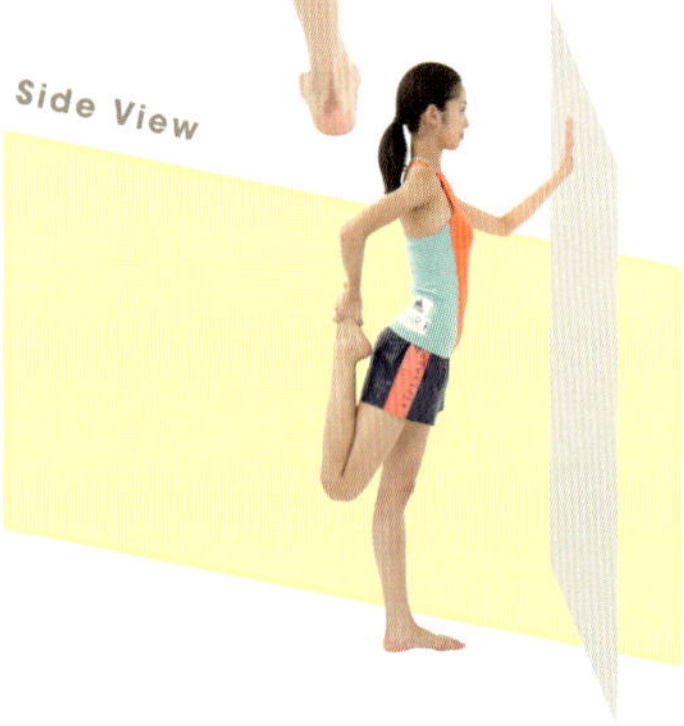

❶～❺を
2～3セット

3 左の手のひらを壁につけ、右手で右足先を持つ。かかとをお尻の横に引き寄せてキープ。

息を吐きながら20～30秒

4 右の手のひらを壁につけ、左手で右足先を持つ。膝を外側に向け、かかとをお尻の中心に向かって引き寄せてキープ。

息を吐きながら20～30秒

5 ❶～❹を左脚も行う。

太もも 表側【大腿四頭筋】②

下半身

1 Start Position

床にうつ伏せになり、太ももの下にクッションなどを置く。

2

左手の甲に額をのせ、背中に向けて右足を折り曲げて右手で右足先を持つ。
かかとをお尻に引き寄せてキープ。

息を吐きながら
20～30秒

❶～❺を
2～3セット

Stretch 7

太もも 表側［大腿四頭筋］②

3

右手で右足先を持ち、外側にひねる。
足先を体の外側にたおすようにしてキープ。

息を吐きながら20 ～ 30秒

4

左手で右足先を持つ。
足先を体の内側にたおすようにしてキープ。

息を吐きながら20 ～ 30秒

5 ❶～❹を左脚も行う。

下半身 太もも 表側［大腿四頭筋］③

1 ［Start Position］ あぐらをかく。右脚を横にくずし、足先を持つ。左手は床につける。

2

股関節を開くようにして、かかとをお尻に引き寄せてキープ。

息を吐きながら20 ～ 30秒

3 ❶～❷を左脚も行う。

❶～❸を
2～3セット

下半身 太もも 表側 [大腿四頭筋] ④

1 Start Position 床にうつ伏せになる。

2

右手の甲に額をのせ、左手で右足先を持つ。
体をひねるようにして、かかとをお尻に引き寄せてキープ。

息を吐きながら20～30秒

3 ❶～❷を左脚も行う。

❶～❸を
2～3セット

下半身

太もも 表側

【大腿四頭筋】⑤

❶ Start Position

床に膝立ちをする。

❷

左膝を90度に曲げて前へ出し、右手で右足先をつかむ。かかとをお尻に引き寄せてキープ。

息を吐きながら
20～30秒

Arrange

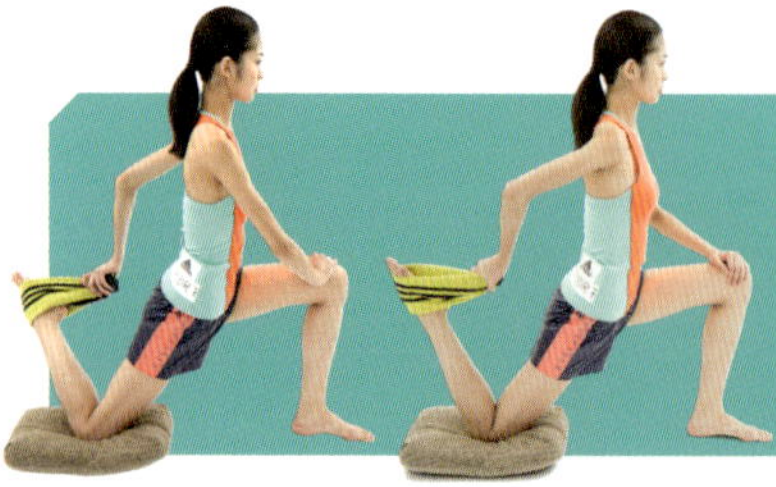

・足先をつかむのが難しい場合は、タオルを使って引き寄せる。
・膝が床にあたる場合は、クッションなどを敷く。

❶～❺を
2～3セット

3

右手で右足先を持ち外側にひねる。
かかとをお尻に引き寄せてキープ。

息を吐きながら20～30秒

4

左手で右足先を持ち、内側にひねる。
かかとをお尻に引き寄せてキープ。

息を吐きながら20～30秒

5 ❶～❹を左脚も行う。

下半身

脚のつけ根［腸腰筋］①

1 Start Position 床に膝立ちをする。右手を腰に軽くあてる。

2

左膝を90度に曲げて前へ出し、右脚を後ろへ伸ばし股関節を伸展させてキープ。

息を吐きながら 20～30秒

3 ❶～❷を左脚も行う。

❶～❸を 2～3セット

下半身

脚のつけ根［腸腰筋］②

1 ［Start Position］ 壁を横にして立つ。

2

左脚を一歩前へ出し、体をひねりながら両手を上下にして壁につける。
右脚を後ろへ伸ばし、股関節を伸展させてキープ。

息を吐きながら20～30秒

3 ❶～❷を左脚も行う。

❶～❸を
2～3セット

下半身

脚のつけ根【腸腰筋】③

1 Start Position 椅子を準備する。椅子の端に太ももをのせ、右手をお尻に軽くあてる。左手は座面に添える。

2

右脚を後ろに伸ばして、右手でお尻を押しているイメージで股関節を伸展させて伸ばす。

息を吐きながら
20～30秒

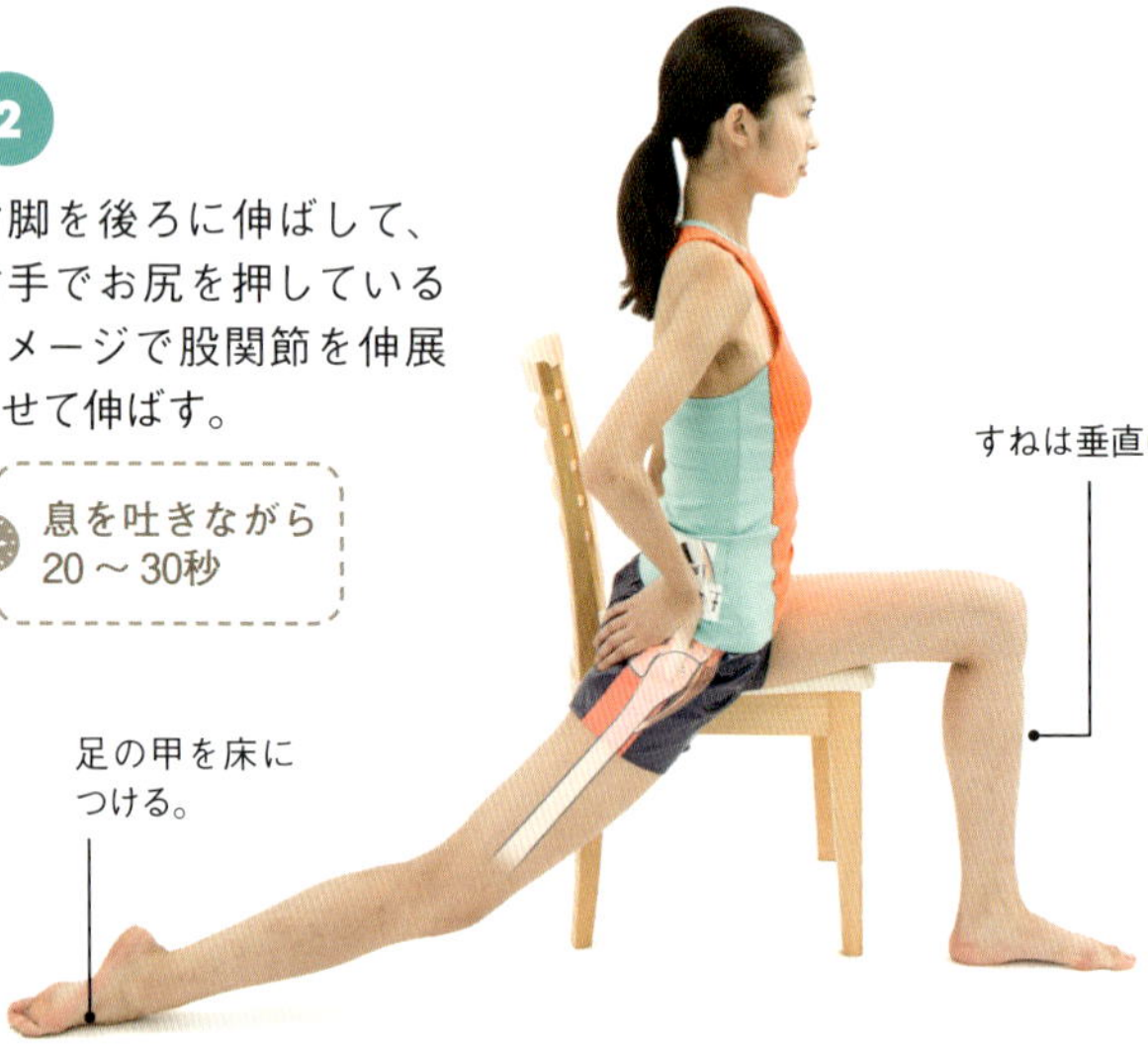

3 ❶～❷を左側も行う。

❶～❸を
2～3セット

下半身

脚のつけ根［腸腰筋］④

1 [Start Position] 椅子を準備する。椅子の端に太ももをのせ、両手で背もたれを持つ。

2

体をひねり、右脚を後ろへ伸ばし股関節を伸展させてキープ。

息を吐きながら
20～30秒

膝は床につけないようにする。足の甲を床につける。

Back View
Front View

3 ❶～❷を左側も行う。

❶～❸を
2～3セット

下半身

お尻［大臀筋］①

1 【Start Position】床に膝を立てて座る。両手は後ろについて、バランスをとる。

2

左太ももに右足首をのせてキープ。上体を足に近づけると、さらに伸びる。

息を吐きながら
20～30秒

3 ❶～❷を左側も行う。

❶～❸を
2～3セット

下半身

お尻［大臀筋］②

1 Start Position 椅子を準備して、浅く座る。

2

左太ももの上に右足首をのせる。
背すじは伸ばしながら、体を前にたおす。

息を吐きながら
20～30秒

3 ❶～❷を左側も行う。

❶～❸を
2～3セット

下半身

お尻【大臀筋】③

1 【Start Position】 床に仰向けになる。両膝を立てる。

2

左太ももの上に右足首をのせる。
両手で左太ももの裏を持ち、引き寄せてキープ。

息を吐きながら
20～30秒

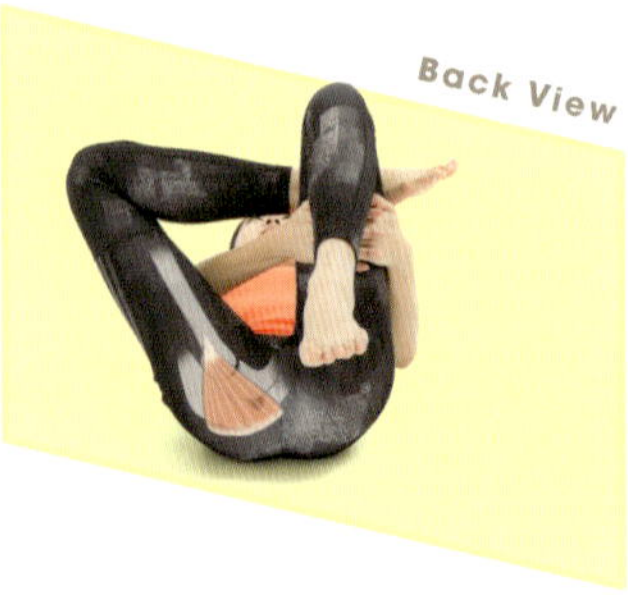

3 ❶～❷を左側も行う。

❶～❸を
2～3セット

下半身

お尻［大臀筋］④

1 [Start Position] 床に膝立ちになる。上半身を前にたおし、両手を床につく。
右脚を左側に流すように曲げる。

2

左脚を後ろへ伸ばす。お尻ができるだけ床に近づくように、腰を沈める。

息を吐きながら
20～30秒

お尻を床に
近づける。

Front View

Side View

3 ❶～❷を左側も行う。

❶～❸を
2～3セット

お尻 ［大臀筋］⑤

下半身

1 Start Position 床に仰向けになる。

2

右脚を曲げて両腕で支え、胸のほうに引っ張るようにしてキープ。

息を吐きながら20 〜 30秒

3 ❶〜❷を左側も行う。

❶〜❸を
2〜3セット

下半身

お尻［大臀筋］⑥

1 ［Start Position］ 椅子を準備し、背もたれに向かって右膝をのせる。両手で椅子をつかむ。

2

左脚を後ろへ伸ばす。お尻ができるだけ床に近づくように、腰を沈める。

息を吐きながら
20～30秒

お尻を床に
近づける。

Front View

Side View

3 ❶～❷を左側も行う。

❶～❸を
2～3セット

下半身

お尻の奥【梨状筋】①

1 Start Position　床にあぐらをかく。

目線は反対方向に向ける。

2

右膝を立て、両手で抱えて胸のほうに寄せる。

息を吐きながら 20～30秒

Side View

Side View

3 ❶～❷を左側も行う。

❶～❸を 2～3セット

下半身

お尻の奥［梨状筋］②

1 [Start Position] 床にうつ伏せになり、額を左手の甲につける。

2

右手で右足の内側を持ち、ひねるようにして外側にたおす。

息を吐きながら20～30秒

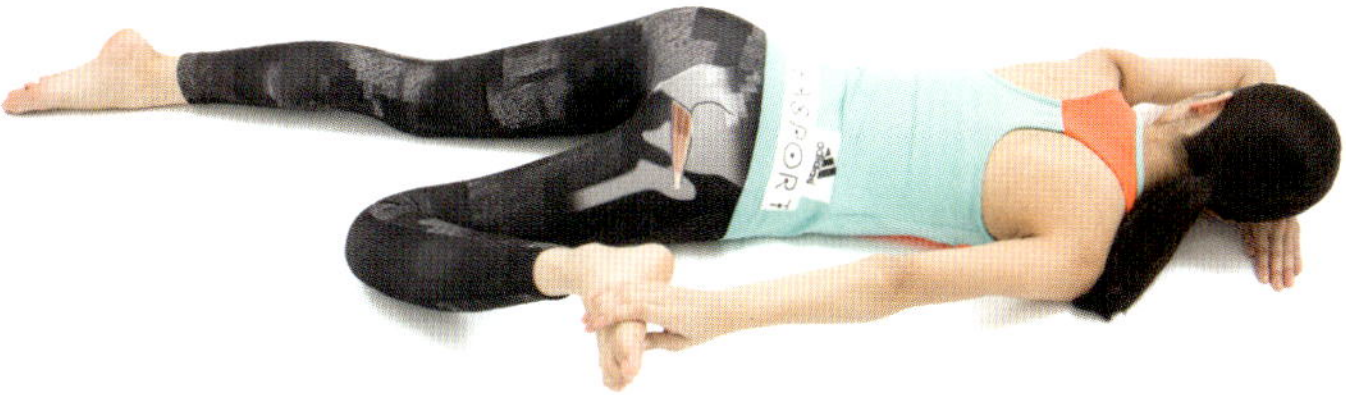

3 ❶～❷を左側も行う。

❶～❸を
2～3セット

下半身

太ももの内側

【股関節内転筋群】①

1 **Start Position** クッションを準備する。床に仰向けになり、クッションに左のふくらはぎをのせる。

2

右足裏を、左膝横あたりにつける。膝の重さで重力を使って伸ばす。

息を吐きながら
20～30秒

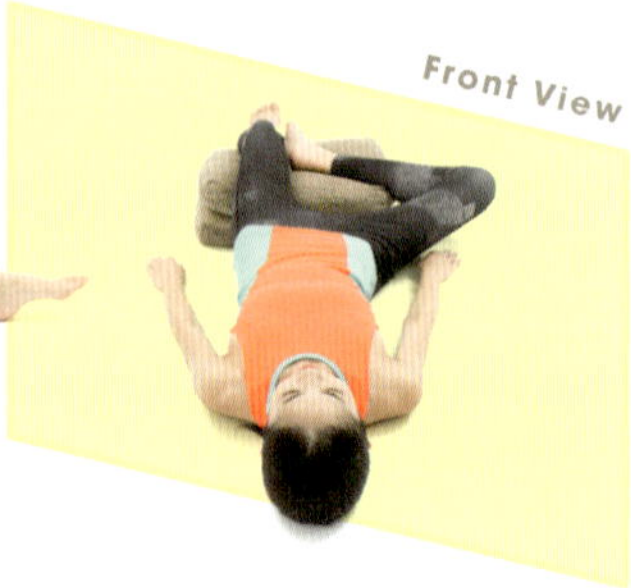

3 ❶～❷を左側も行う。

❶～❸を
2～3セット

下半身

太ももの内側［股関節内転筋群］②

1 ［Start Position］ 床にあぐらをかく。

2

左右の足裏をつけ、体を少し前にたおしてキープ。

息を吐きながら 20～30秒

Side View

骨盤は立てる。

Front View

❶～❷を
2～3セット

下半身

太ももの内側［股関節内転筋群］③

1 [Start Position] 椅子を準備して、横に立つ。

2

右足首を内側にして、座面につけて伸ばす。

息を吐きながら
20～30秒

体が傾かない
ように、まっ
すぐ立つ。

Side View
Back View

3 ❶～❷を左側も行う。

❶～❸を
2～3セット

下半身

太ももの内側［股関節内転筋群］④

1 ［Start Position］ 椅子を準備して座る。両手を左脚に置く。

2

右足首を内側にして、
床につけて伸ばす。
体を左前にたおすよう
にして、キープ。

息を吐きながら
20～30秒

3 ❶～❷を左側も行う。

❶～❸を
2～3セット

下半身

太ももの内側［股関節内転筋群］⑤

1 [Start Position] タオルを準備する。床に仰向けになる。

2

右足裏にタオルをかけ、右手で上に引き上げるようにして伸ばす。

息を吐きながら
20～30秒

3 ❶～❷を左側も行う。

Arrange

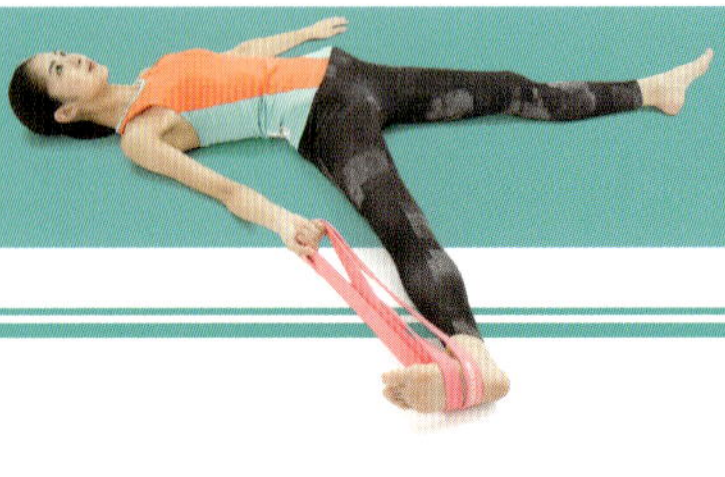

ストレッチバンドでも応用できる。

❶～❸を
2～3セット

下半身 太ももの内側［股関節内転筋群］⑥

1 ［Start Position］ ストレッチポールを準備する。
ストレッチポールの右側にあぐらをかく。

2

両手を広げて床につけ、右脚を伸ばして開き、ふくらはぎをポールの上にのせる。
外側に少し転がしながら体を前にたおす。

息を吐きながら
20～30秒

ポールを外へ転がしながら伸ばす。

Side View

Back View

3 ❶～❷を左側も行う。

❶～❸を
2～3セット

骨盤の横［股関節外転筋群―中臀筋］①

下半身

1 Start Position　床に脚を伸ばして座る。

2

右手を後ろに置き、右膝を立てて左脚にかける。
左肘で右膝を押すようにして、体をひねる。

息を吐きながら
20～30秒

骨盤を立てる。

3 ❶～❷を左側も行う。

❶～❸を
2～3セット

下半身

骨盤の横［股関節外転筋群―中臀筋］②

1 Start Position 床に仰向けになり、両手を広げて置く。

2

両膝を立てて左脚を右脚にかけ、左にたおす。左脚の重さを使って伸ばす。

息を吐きながら
20～30秒

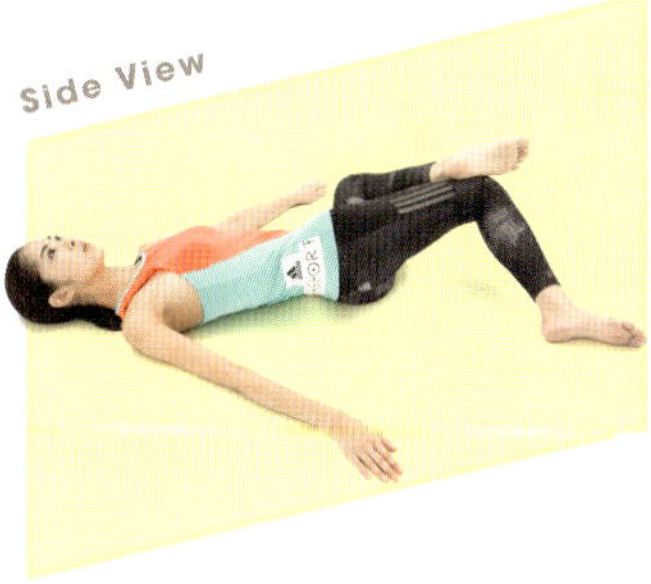

3 ❶～❷を左側も行う。

❶～❸を
2～3セット

骨盤の横【股関節外転筋群―中臀筋】③

1 Start Position　椅子を準備する。椅子に座り、右脚を左脚にかける。右脚のかかとは椅子につける。

2

左肘で右膝を押すようにして、体を右にひねる。

息を吐きながら
20～30秒

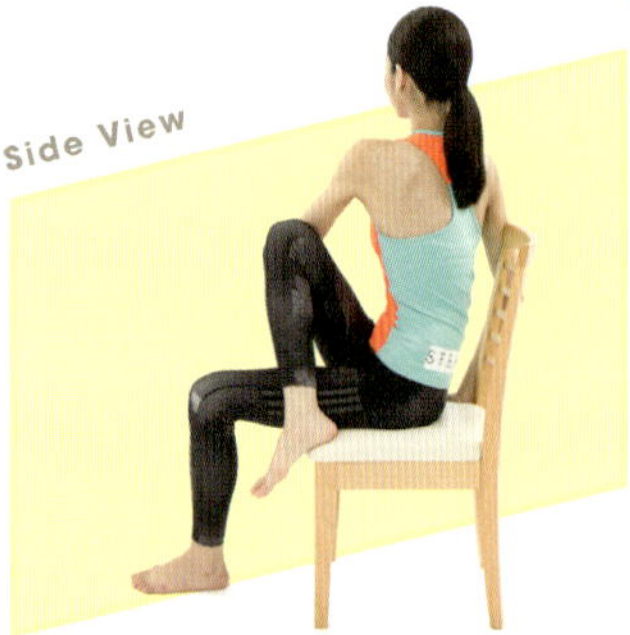

3 ❶～❷を左側も行う。

❶～❸を
2～3セット

下半身

骨盤の横

［股関節外転筋群―中臀筋］④

1 [Start Position] 椅子を準備する。椅子の横に立つ。

お尻を床に近づける。
足の側面を床につける。

2

右手を座面に置いて左膝を立て、右脚を左脚の後ろへまっすぐ押し出す。

息を吐きながら
20～30秒

Back View

Side View

3 ❶～❷を左側も行う。

❶～❸を
2～3セット

下半身

骨盤の横 ［股関節外転筋群―中臀筋］⑤

1 ［Start Position］ 床に膝を立てて座る。

2

右脚を左脚の後ろへまっすぐ押し出す。両手は前に出して床につける。

息を吐きながら
20 ～ 30秒

3 ❶～❷を左側も行う。

❶～❸を
2～3セット

下半身
骨盤の横［股関節外転筋群―中臀筋］⑥

1 Start Position タオルを準備して、仰向けになる。

2

右足裏にタオルをかけ左手で持ち、左へたおす。
タオルを上に引っ張り上げる。

息を吐きながら20～30秒

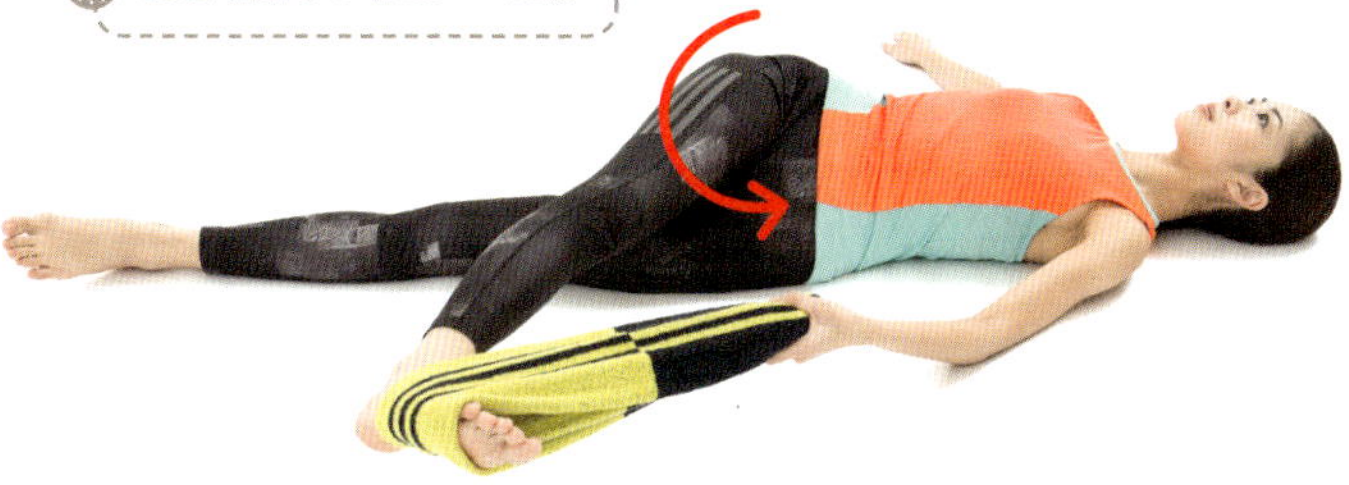

3 ❶～❷を左側も行う。

Arrange

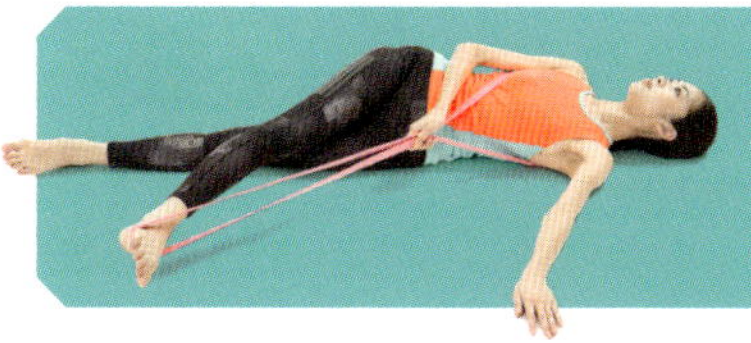

ストレッチバンドでも応用できる。背中と足裏にかけ、体をひねるようにして伸ばす。

❶～❸を
2～3セット

腰・背中【腰背部】①

1 Start Position 両膝を立てて、床に仰向けになる。

2

両手で太ももの裏を持ち、胸のほうに引き寄せてキープ。

息を吐きながら
20～30秒

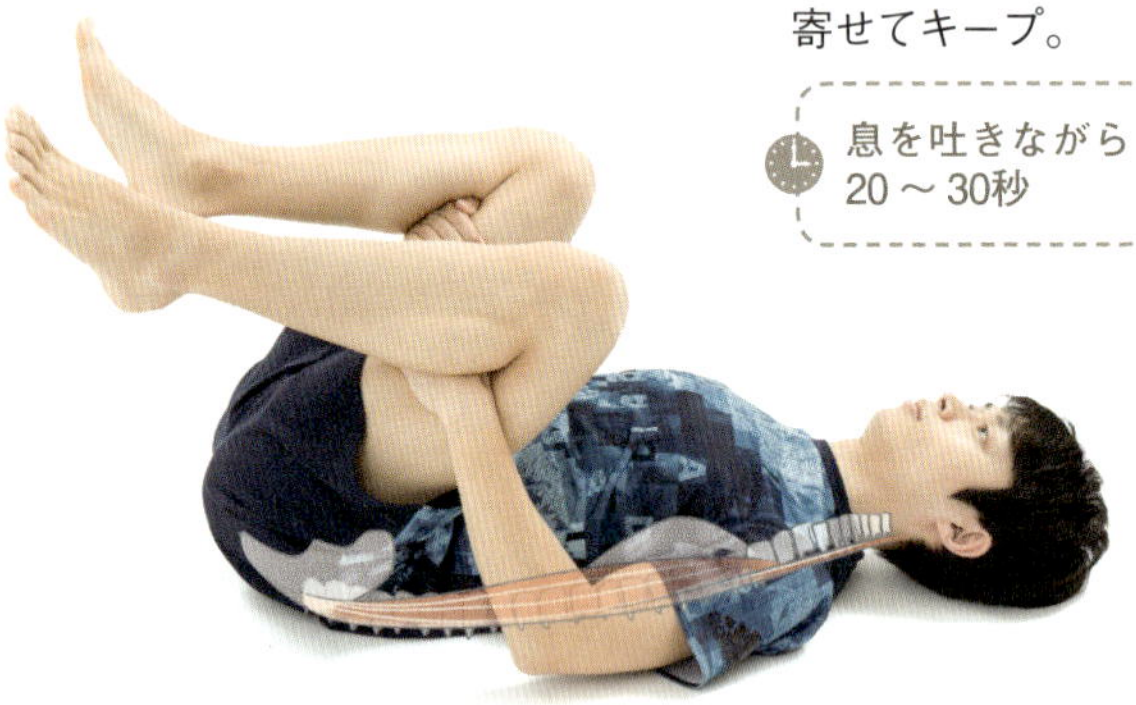

Front View

Back View

❶～❷を
2～3セット

下半身

腰・背中［腰背部］②

1 Start Position 椅子とクッションを準備する。
椅子に浅く座り、
クッションを太ももにのせる。

2 腕を太ももの裏に回して組み、
体を丸くしたままキープ。

息を吐きながら20～30秒

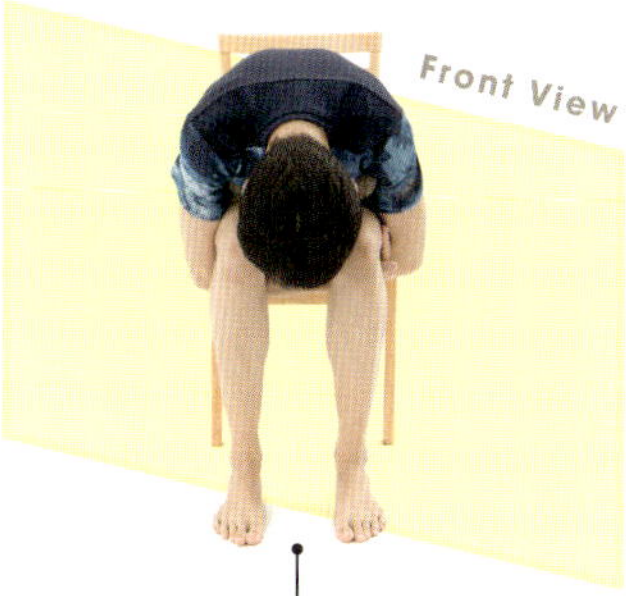

脚を肩幅に開く。

❶～❷を
2～3セット

Running
Walking
Golf
Swimming
Tennis
Gym
Trekking

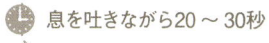

下半身

腰・背中［腰背部］③

1 Start Position 椅子を準備して浅く座り、脚を肩幅に開く。

2

左手で椅子を持ち、右手で左膝を押すようにして体を左にひねる。

息を吐きながら
20～30秒

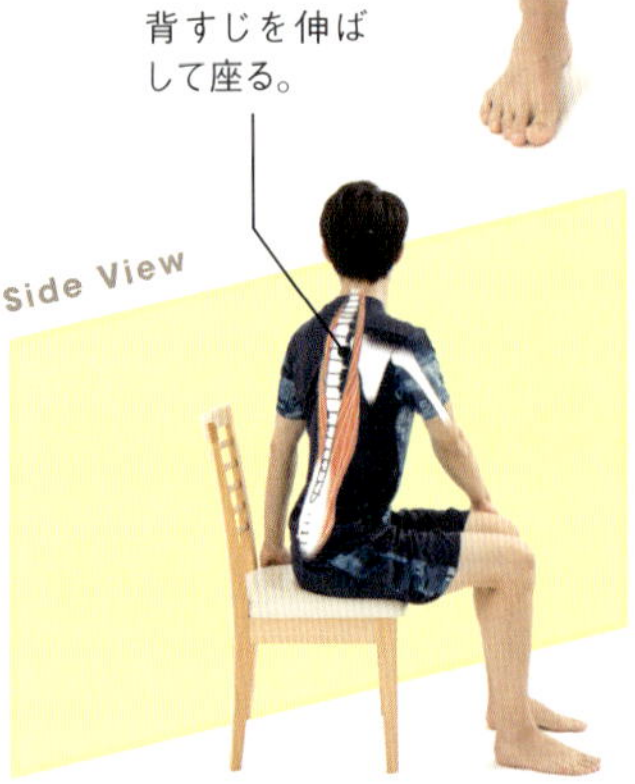

背すじを伸ばして座る。
Side View

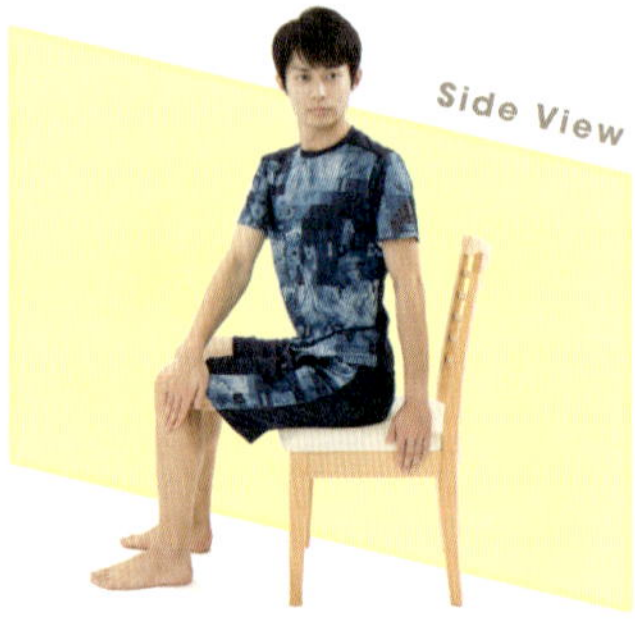

Side View

3 ❶～❷を左側も行う。

❶～❸を
2～3セット

下半身

腰・背中［腰背部］④

1 [Start Position] バランスボールを準備する。
膝立ちの状態からボールの上にうつ伏せになる。

2

ボールを転がし、おへそがボールの中心にくるようにのる。
手足を床につけ、右手を左斜め前へ引っ張るように伸ばしてキープ。

息を吐きながら
20～30秒

胸ではなく、おなかにボールをのせる。

3 ❶～❷を左側も行う。

❶～❸を
2～3セット

下半身

ふくらはぎ【下腿三頭筋―腓腹筋】①

1 [Start Position] 壁に向かって立つ。両手のひらを壁につけ、左脚を前、右脚を後ろにして開く。

2

右足のつま先を外側に向ける。かかとを床につけたまま、両手で壁を押すようにしてキープ。

息を吐きながら
20～30秒

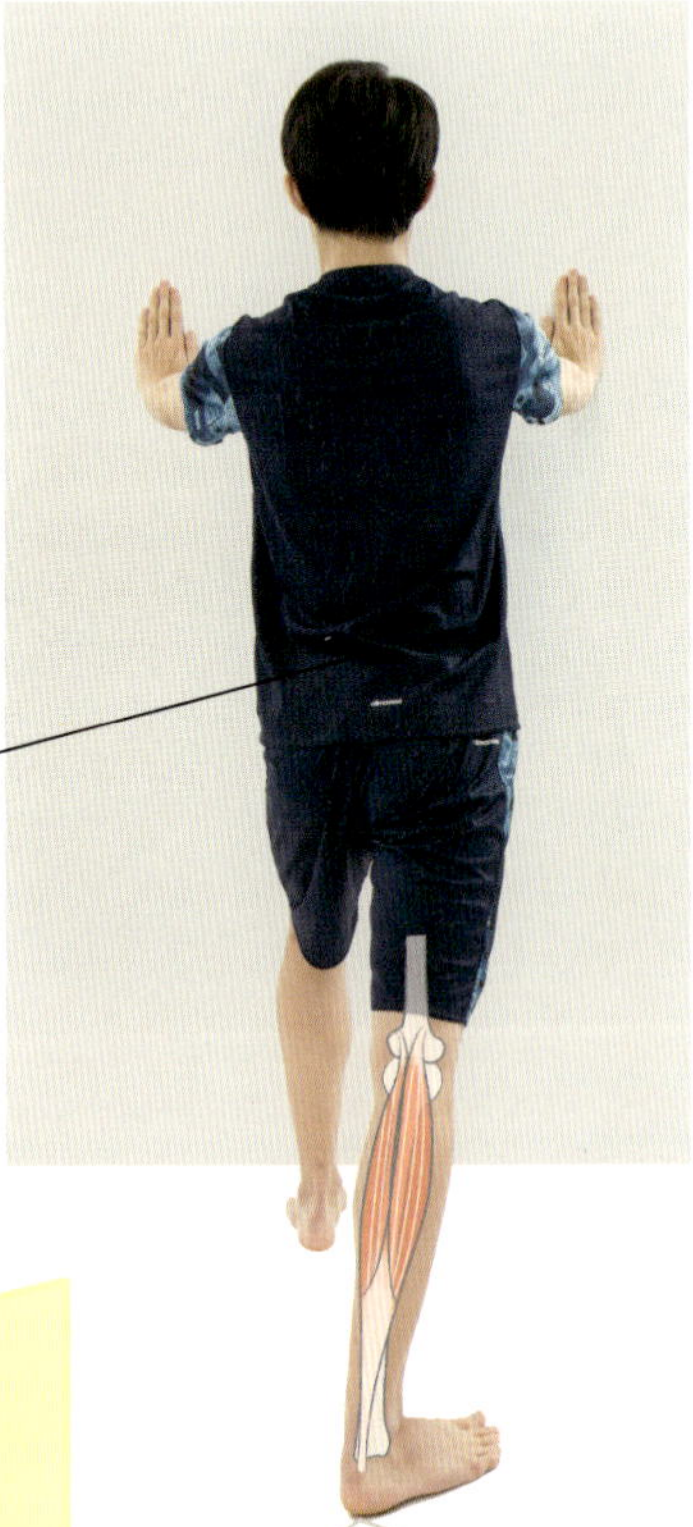

背すじを伸ばす。

❶～❹を
2～3セット

Stretch 39

ふくらはぎ［下腿三頭筋―腓腹筋］①

3

右足のつま先を内側に向ける。かかとを床につけたまま、両手で壁を押すようにしてキープ。

息を吐きながら
20～30秒

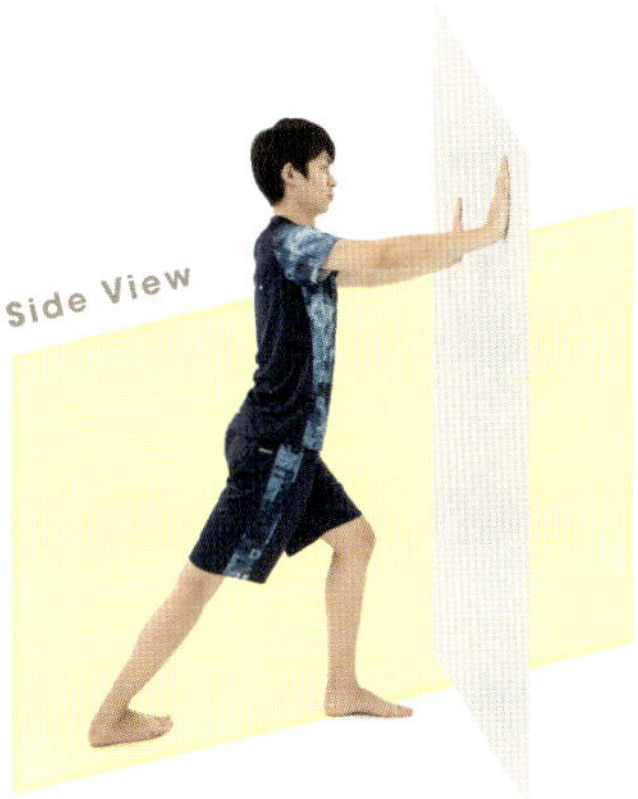

4 ❶～❸を左脚も行う。

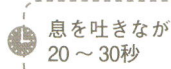

ふくらはぎ［下腿三頭筋―腓腹筋］②

❶ ［Start Position］ 床に膝立ちする。

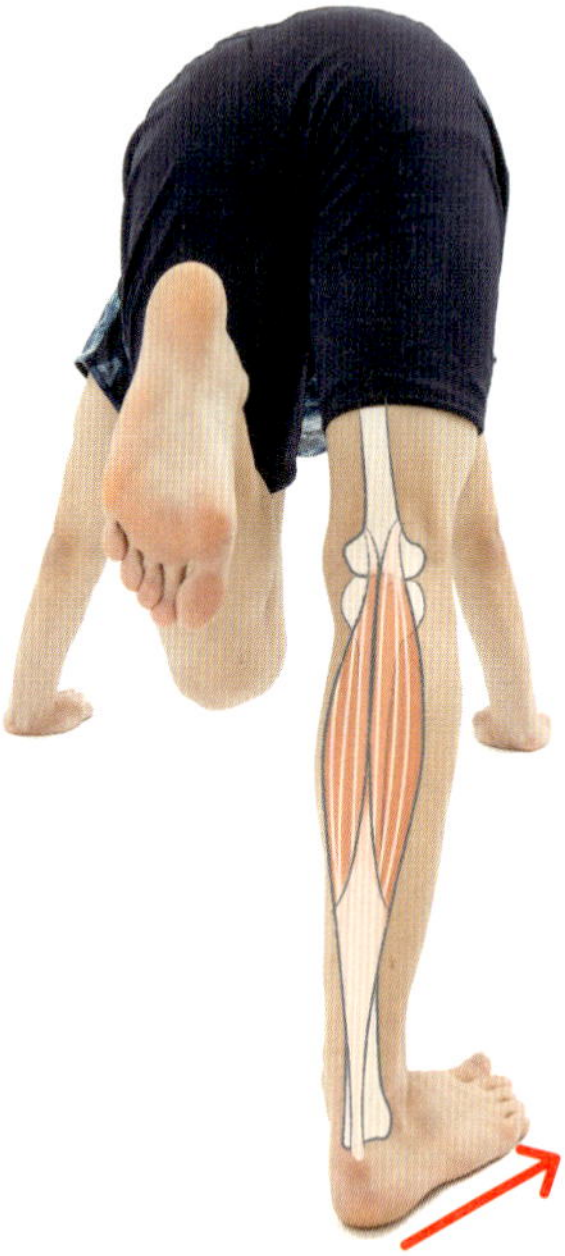

❷

両手を床につき、腰を高く上げる。
左膝を軽く曲げ、右足のつま先を外側に向ける。かかとをしっかり床につき、膝を伸ばしてキープ。

息を吐きながら
20 ～ 30秒

❶～❹を
2～3セット

Stretch 40

ふくらはぎ［下腿三頭筋―腓腹筋］②

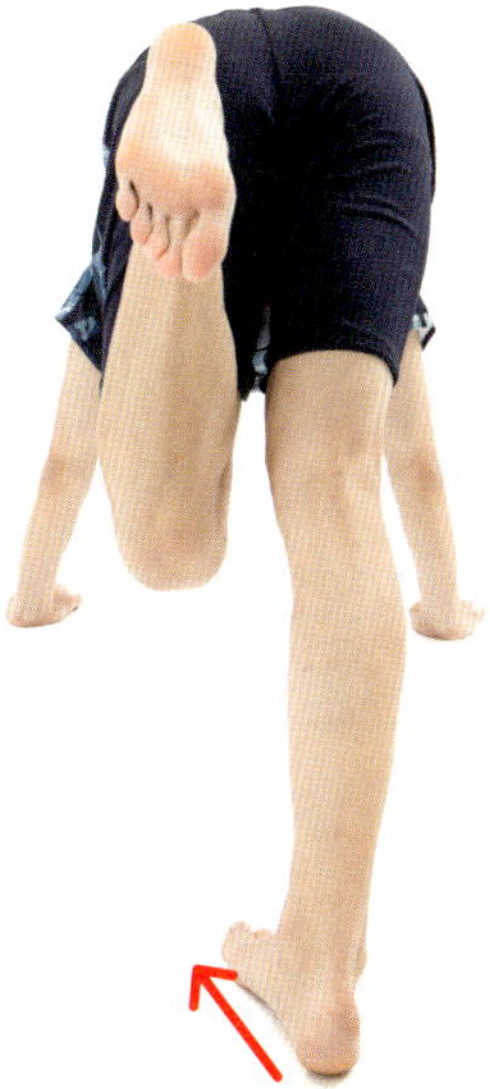

3

右足のつま先を内側に向ける。かかとをしっかり床につき、膝を伸ばしてキープ。

息を吐きながら
20～30秒

4 ❶～❸を左脚も行う。

Arrange

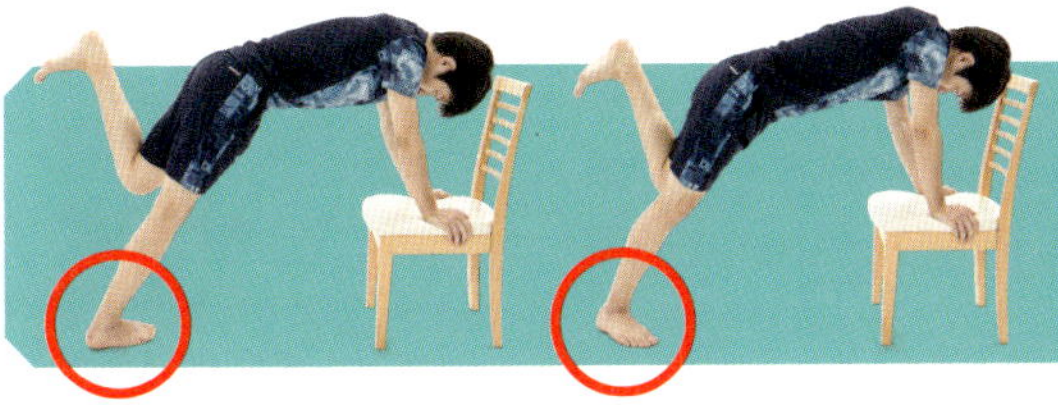

床に手をつくのが難しい場合は、椅子を使う。座面を両手で持って、脚を移動させる。

ふくらはぎ［下腿三頭筋―ヒラメ筋］③

下半身

1 Start Position 床に正座する。

2

右膝を立て、両手は前に出して床につける。つま先を外側に向ける。かかとを床にしっかりつけたまま、胸で膝を押すようにして前傾し、キープ。

息を吐きながら
20～30秒

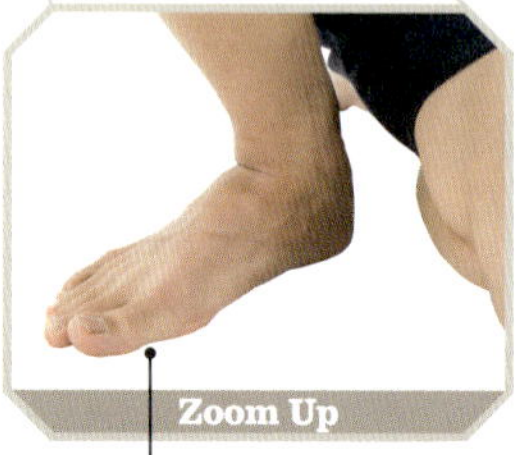

かかとを床にしっかりつけ、足首を曲げてヒラメ筋を伸ばす。

❶～❹を
2～3セット

Stretch 41

ふくらはぎ［下腿三頭筋—ヒラメ筋］③

3

つま先を内側に向ける。かかとを床にしっかりつけたまま、胸で膝を押すようにして前傾し、キープ。

息を吐きながら
20 ～ 30秒

4 ❶～❸を左脚も行う。

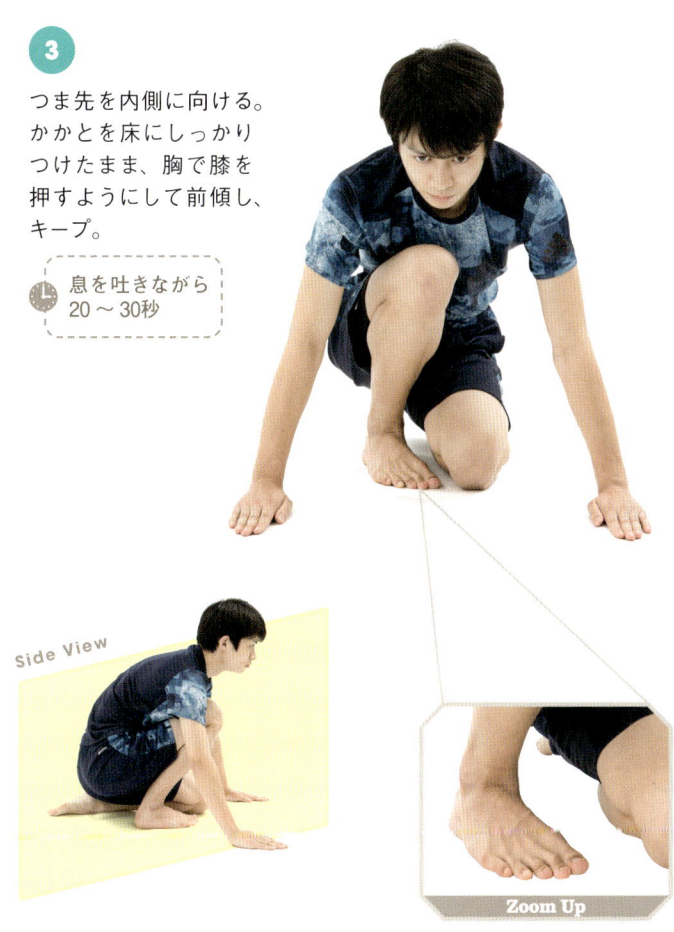

下半身

ふくらはぎ［下腿三頭筋―ヒラメ筋］④

1 ［Start Position］ 椅子を準備し、椅子の前に立つ。右足指のつけ根あたりを座面の端にのせる。両手で背もたれを持つ。

2

右つま先を外側に向け、右膝に体重をかけながらキープ。

息を吐きながら20～30秒

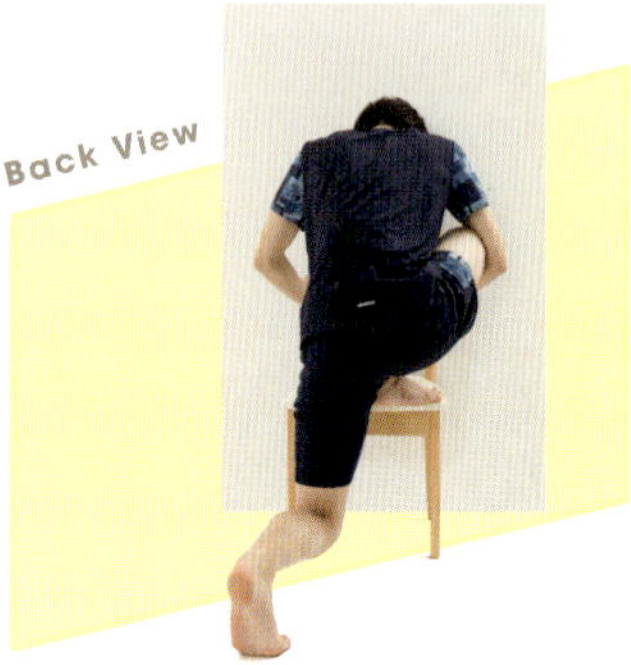
Back View

椅子がたおれて転倒しないように、背もたれを壁につけて行ってください。
Zoom Up

❶～❹を2～3セット

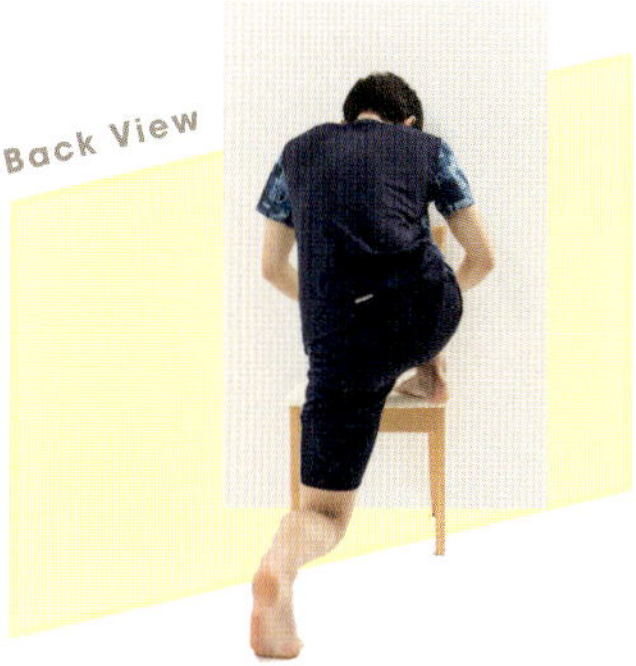

3

右つま先を内側に向け、右膝に体重をかけながらキープ。

息を吐きながら
20 ～ 30秒

4 ❶～❸を左脚も行う。

下半身

すね［前脛骨筋］①

1 Start Position　床に正座する。

2

右手で右膝をつかみ、
持ち上げキープ。

息を吐きながら
20～30秒

骨盤を立てる。
甲は床に
つける。

Front View

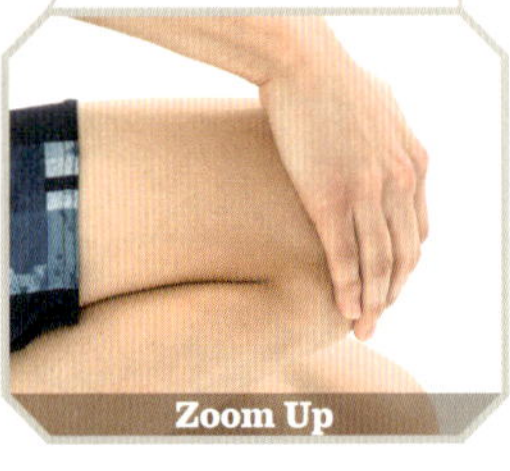
Zoom Up

❶～❷を
2～3セット

下半身

すね［前脛骨筋］②

1 Start Position 椅子を準備し、浅く座る。

2

両手で座面を持ち、右足の甲を床に向かって押すようにしてキープ。

息を吐きながら
20～30秒

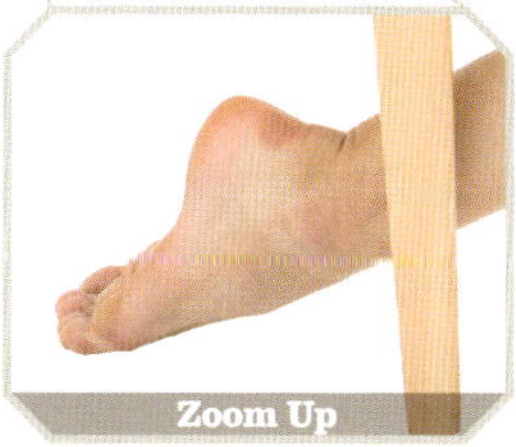

3 ❶～❷を左足も行う。

❶～❸を
2～3セット

下半身

すね［前脛骨筋］③

1 ［Start Position］ストレッチポールを準備する。
床に正座する。

2

両膝をストレッチポールにのせ、上半身を前にたおしてキープ。

息を吐きながら
20 ～ 30秒

クッションを折りたたんで
使っても OK。

❶～❷を
2～3セット

下半身

すね［前脛骨筋］④

1 **Start Position** 床にあぐらをかく。

2

両手で右足先を引っ張り上げるようにして、つま先を内側にひねりキープ。

息を吐きながら
20～30秒

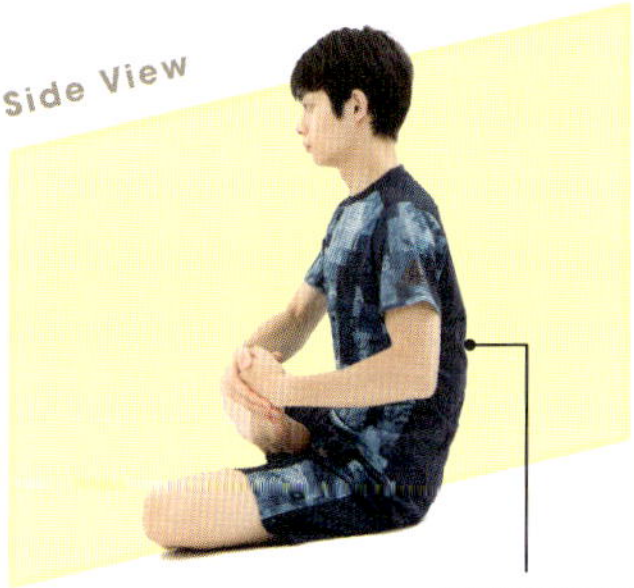
Side View
骨盤を立てる。

Zoom Up

3 ❶～❷を左足も行う。

❶～❸を
2～3セット

下半身

足裏【足底筋群】①

1 Start Position 床に正座する。

2

両足の指の腹を床につける。つま先に体重をかけてキープ。

息を吐きながら
20～30秒

Zoom Up

❶～❷を
2～3セット

下半身

足裏［足底筋群］②

1 Start Position 床に正座する。

背すじを伸ばす。

2

左膝を立て、右足の指の腹を床につける。つま先に体重をかけてキープ。

息を吐きながら
20～30秒

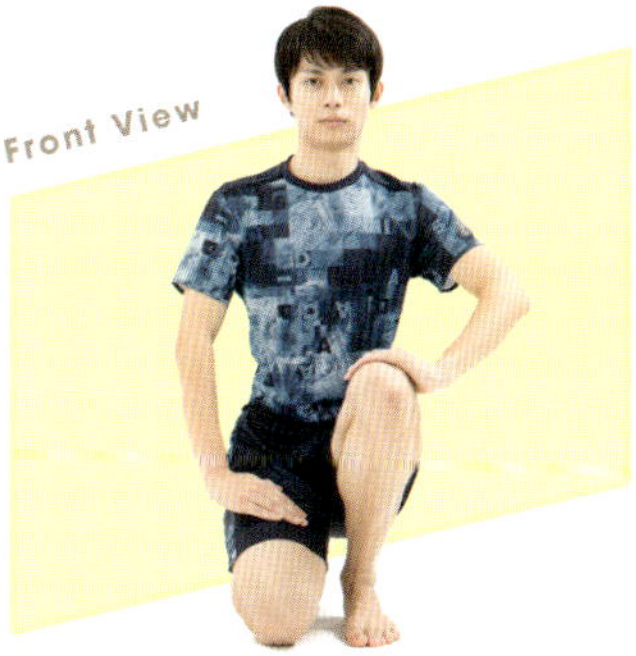

3 ❶～❷を左足も行う。

❶～❸を
2～3セット

下半身

足裏【足底筋群】③

1 [Start Position] 椅子を準備し、浅く座る。

背すじを伸ばす。

2

右脚を後ろへ伸ばし、
指の腹を床につける。
つま先に体重をかけて
キープ。

息を吐きながら
20～30秒

Front View

Zoom Up

3 ❶～❷を左足も行う。

❶～❸を
2～3セット

下半身

足裏【足底筋群】④

1 Start Position 椅子を準備し、深く座る。

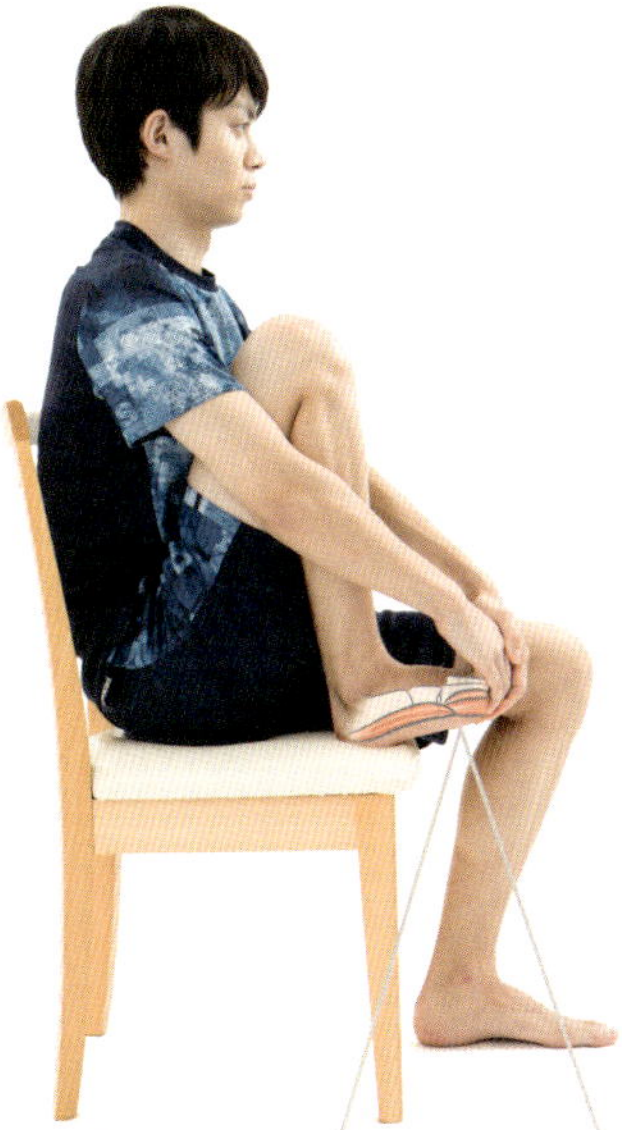

2

右かかとを座面につけ、両手で指の腹を伸ばしてキープ。

息を吐きながら
20～30秒

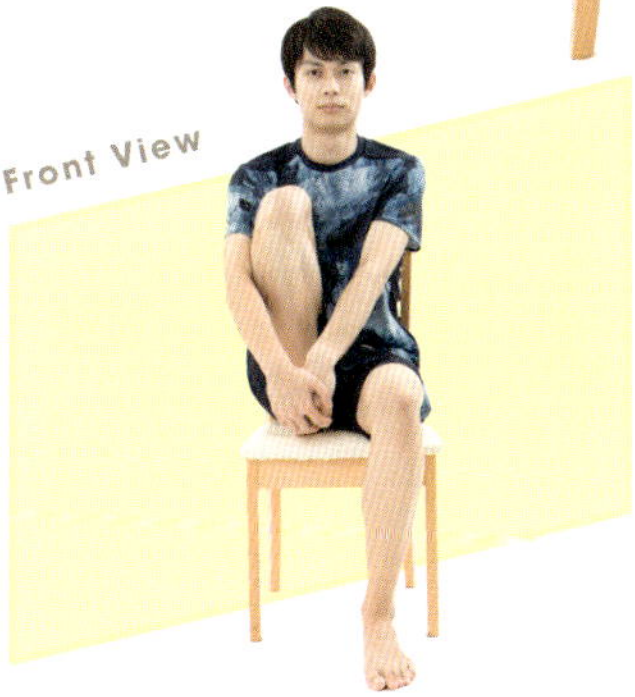

3 ❶～❷を左足も行う。

❶～❸を
2～3セット

上半身

胸［大胸筋］①

❶ Start Position

壁の横に立つ。

❷

右腕を肩の高さまで上げ、手のひらを壁につけて右胸を前へ押し出すようにしてキープ。

息を吐きながら
20～30秒

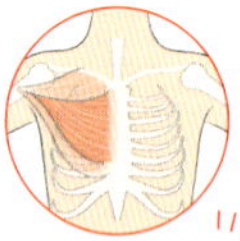

使用している部位
大胸筋中部

❶～❺を
2～3セット

Stretch 51

胸［大胸筋］①

3

左手は胸に当て、右腕を頭の高さまで上げ手のひらを壁につけて右胸を前へ押し出すようにしてキープ。

息を吐きながら
20 ～ 30秒

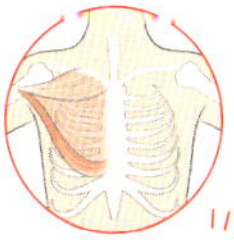

使用している部位
大胸筋下部

4

右腕を腰の高さまで下げ、手のひらを壁につけて右胸を押し出すようにしてキープ。

息を吐きながら
20 ～ 30秒

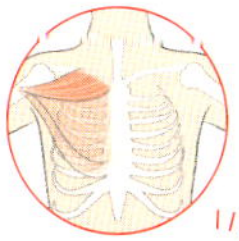

使用している部位
大胸筋上部

5 ❶～❹を左側も行う。

上半身 胸【大胸筋】②

1 【Start Position】 椅子を準備し、横に正座する。

2

四つんばいになり、右腕を肩の高さで座面にのせる。体を前に沈め右肩を床に近づけてキープ。

息を吐きながら20 ～ 30秒

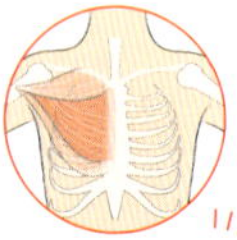

使用している部位
大胸筋中部

❶～❺を
2～3セット

Stretch 52

胸［大胸筋］②

3

右腕を斜め上に移動してキープ。

息を吐きながら
20 ～ 30秒

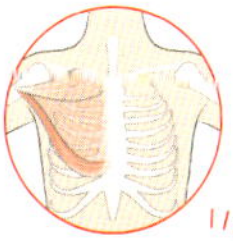

使用している部位
大胸筋下部

4

右腕を斜め下に移動してキープ。

息を吐きながら
20 ～ 30秒

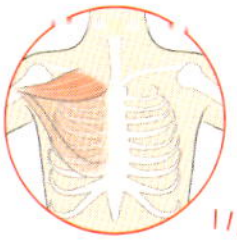

使用している部位
大胸筋上部

5 ❶～❹を左側も行う。

上半身

肩【僧帽筋】①

❶ [Start Position] 床にあぐらをかいて座る。

❷ 両手を前で組み、肩甲骨を左右に開きながら、体を前にたおす。

息を吐きながら
20～30秒

使用している部位
僧帽筋中部

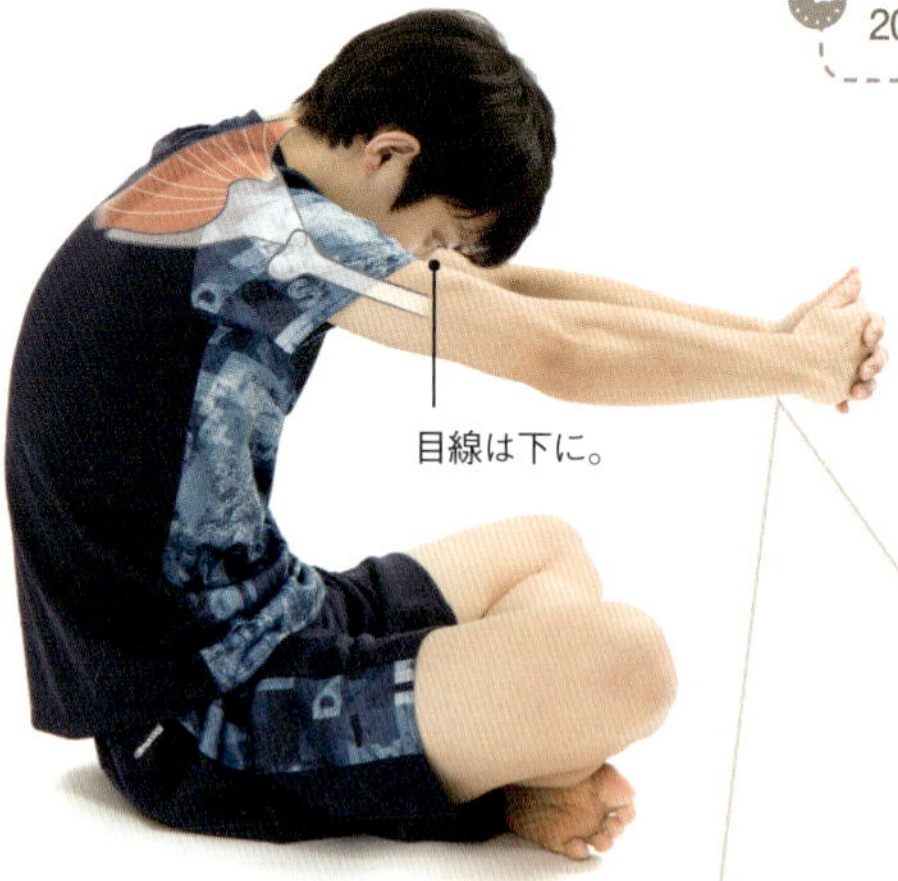

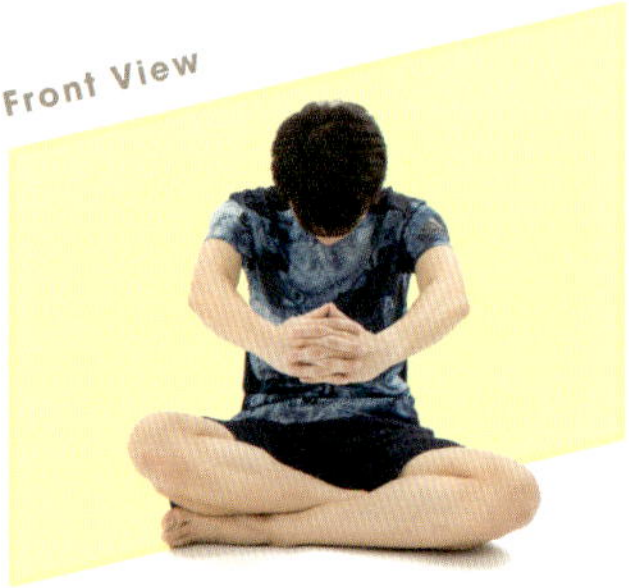

❶～❷を
2～3セット

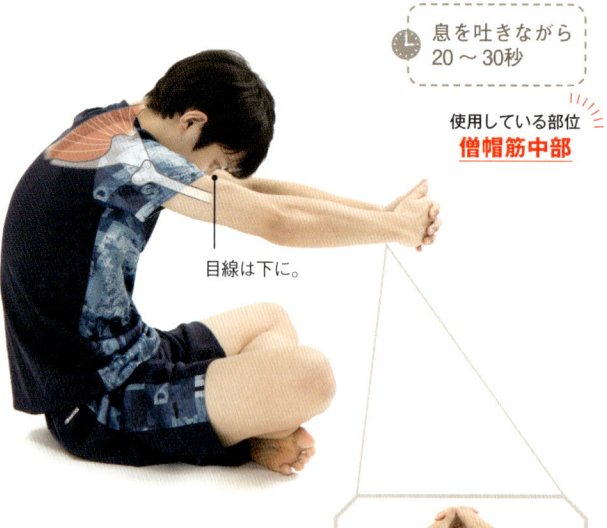

上半身

肩［僧帽筋］②

1 Start Position 柱など安定した棒状のものの前に中腰になる。

背中を丸めつつ腰を強く後ろに引く。

2

両手首をクロスして棒状のものをつかみ、後ろに引っ張る。

息を吐きながら
20～30秒

使用している部位
僧帽筋中部

3 ❶～❷を手の上下を替えて行う。

❶～❸を
2～3セット

上半身

肩［僧帽筋］③

1 Start Position テーブルの脚や柱など強く引いても動かないところの前に、あぐらをかいて座る。

2

右手を前に出し、手のひらが外側に向くように手首をひねり、肩の高さのところでテーブルの脚をつかんだまま体重を後ろにかけ、引っ張りながらキープ。

息を吐きながら
20～30秒

使用している部位
僧帽筋中部

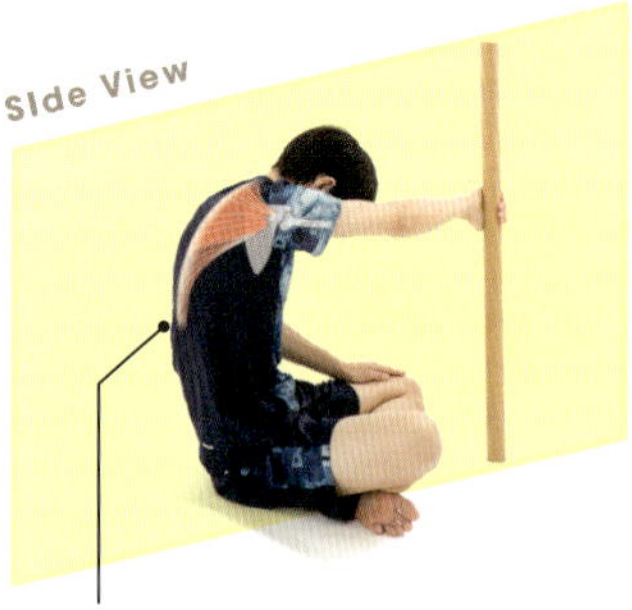

背すじを丸めて体を後ろに引く。

❶～❺を
2～3セット

3

右腕をまっすぐ伸ばし頭上のところでつかむ。体重を後ろにかけ、引っ張りながらキープ。

息を吐きながら
20 ～ 30秒

使用している部位
僧帽筋下部

4

膝の高さのところでつかむ。左手を頭に添え、斜め前へたおし、体重を後ろにかけ、引っ張りながらキープ。

息を吐きながら
20 ～ 30秒

使用している部位
僧帽筋上部

5

❶～❹を左側も行う。

上半身

肩【僧帽筋】④

1 [Start Position] 床にあぐらをかいて座る。

肩が上がらないように。

2

右腕を背中に回し、左手を頭の横に添えて斜め前に頭をたおす。

息を吐きながら
20～30秒

使用している部位
僧帽筋上部

Back View

Side View

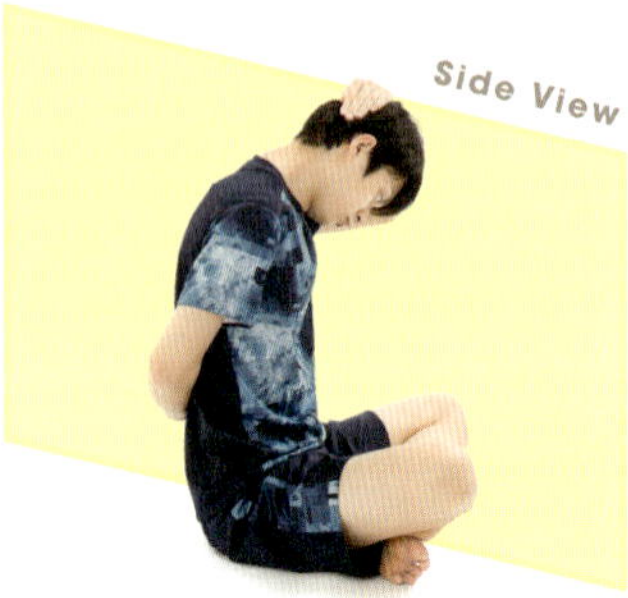

3 ❶～❷を左側も行う。

❶～❸を
2～3セット

上半身 肩［僧帽筋］⑤

1 Start Position 椅子を準備し、浅く座る。

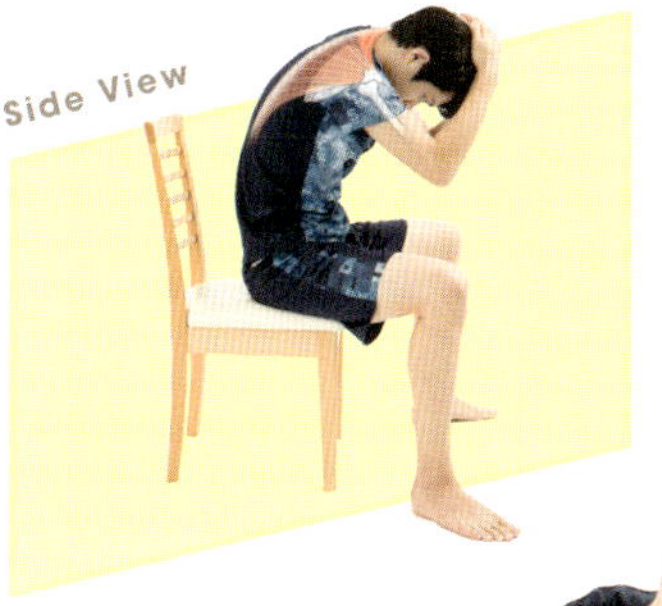
Side View

Zoom Up

肩の力を抜いて。

2

両脚を開く。
手を重ねて頭頂部に添え、腕の重さを使って頭を前にたおしてキープ。

息を吐きながら20～30秒

使用している部位
僧帽筋上部

❶～❷を
2～3セット

上半身

肩【三角筋】①

1 Start Position 床にあぐらをかく。

2

右手首を左肩にのせ、
左手で右肘を持ち、
後ろに押してキープ。

息を吐きながら
20～30秒

肩が上がらないように注意。

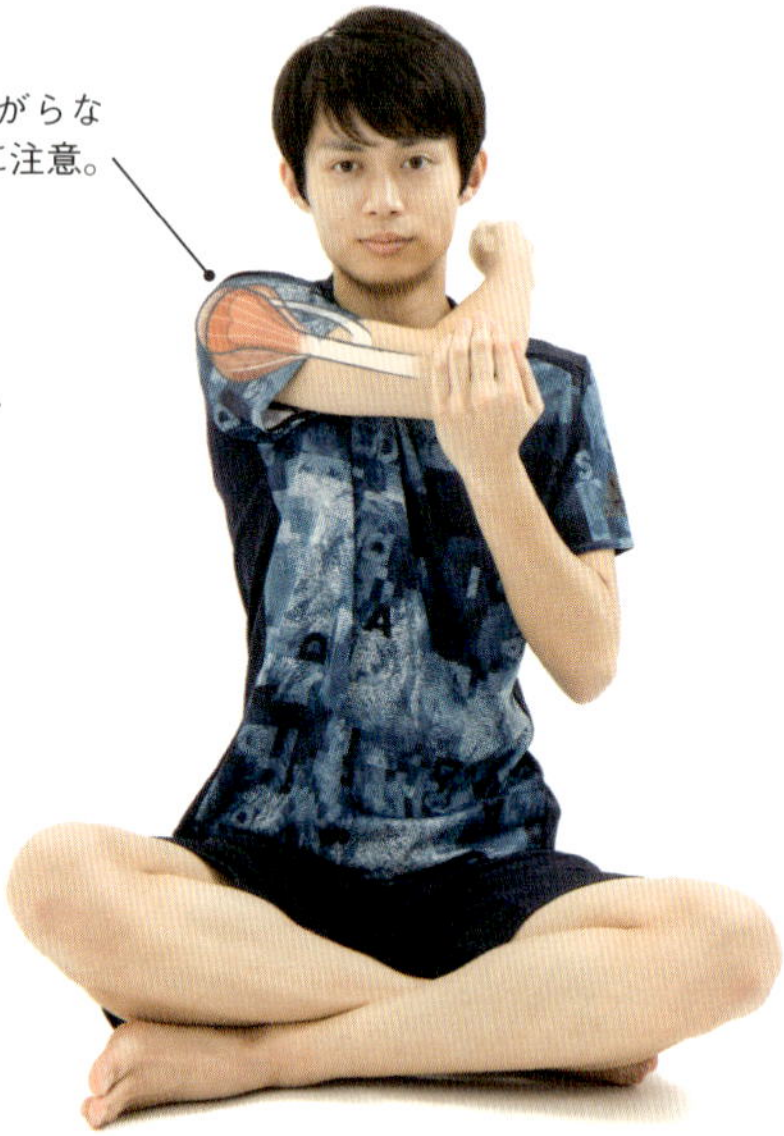

骨盤を立てる。

3 ❶～❷を左側も行う。

❶～❸を
2～3セット

上半身

肩［三角筋］②

1 [Start Position] 椅子を準備し、浅く座る。

2

左手で座面を持ち、右前腕を太ももの上に置き、右の肩を床に近づけてキープ。

息を吐きながら 20～30秒

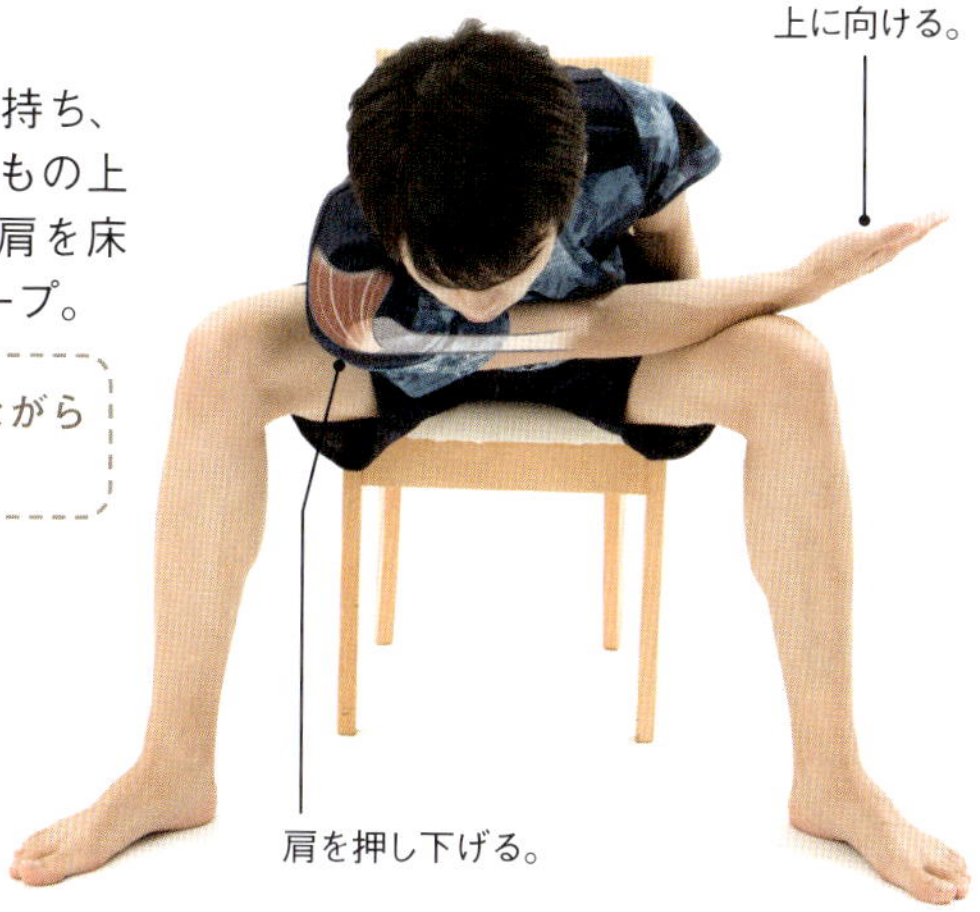

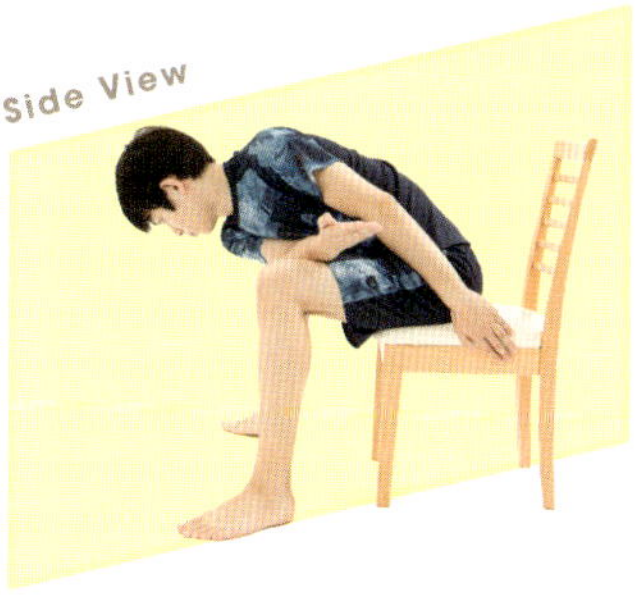

3 ❶～❷を左側も行う。

❶～❸を
2～3セット

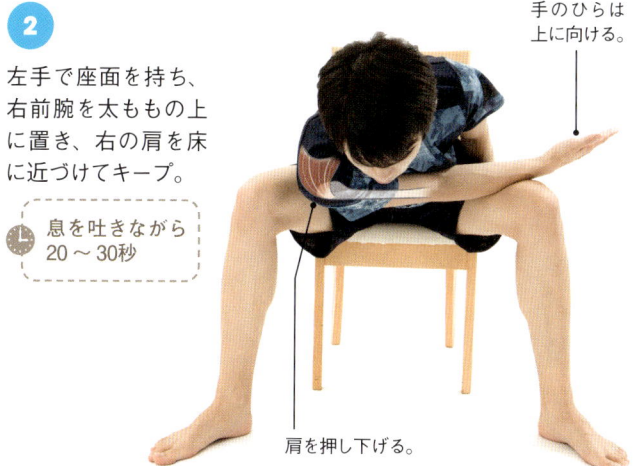

上半身

背中［広背筋］①

1 ［Start Position］タオルを準備し、両手に持つ。床に正座する。

2

お尻を右におろし、タオルをピンと張ったまま両腕を左斜め前へたおしてキープ。

息を吐きながら
20～30秒

3 ❶～❷を左側も行う。

❶～❸を
2～3セット

上半身

背中［広背筋］②

1 Start Position 床にうつ伏せになる。
左手の甲に額をつける。

左側にカーブするように。

2

右腕を左斜め前に伸ばし、体を弓なりにしてキープ。

息を吐きながら
20～30秒

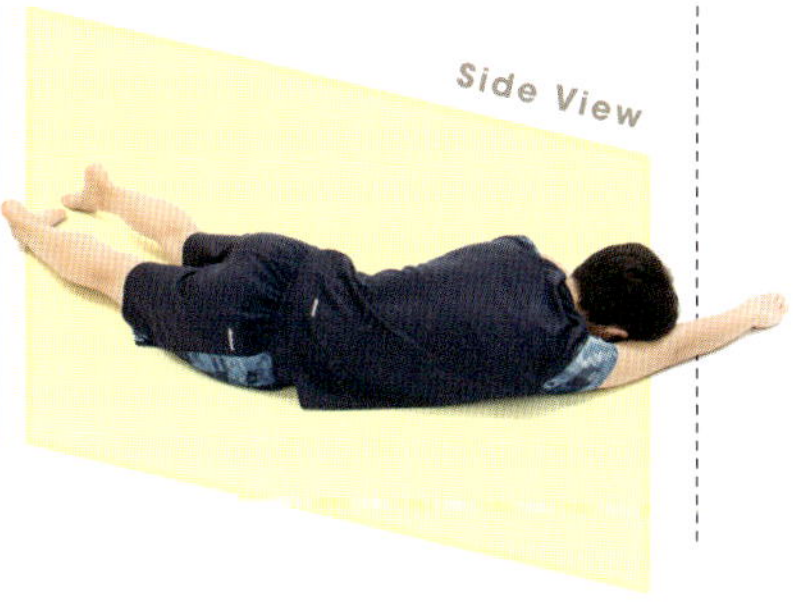

3 ❶～❷を左側も行う。

❶～❸を
2～3セット

Running
Walking
Golf
Swimming
Tennis
Gym
Trekking

上半身

背中［広背筋］③

1 Start Position

壁の前に両脚を開いて立つ。壁に両手をつける。

2

右腕を一番上まで伸ばし、体を左斜め前にたおして壁を押す。

息を吐きながら
20～30秒

3 ❶～❷を左側も行う。

❶～❸を
2～3セット

上半身

背中［広背筋］④

1 Start Position 椅子を準備し、浅く座る。

2

右手を後頭部に添え、左斜め前に体をたおし左腕を床にまっすぐおろしてキープ。

息を吐きながら
20～30秒

横ではなく斜め前にたおすと、広背筋が伸びる。

手のひらを前に向ける。

3 ❶～❷を左側も行う。

❶～❸を
2～3セット

腕（裏側）［上腕三頭筋］①

上半身

1 ［Start Position］

壁の前に立ち、左足を一歩前に出す。

2

右手指先を背中につけ、肘の裏側を壁につけて肩を壁に押しつけるようにしてキープ。

息を吐きながら
20～30秒

肩を壁に押しつける。

Back View

Side View

3 ❶～❷を左側も行う。

❶～❸を
2～3セット

上半身

腕（裏側）［上腕三頭筋］②

1 **Start Position** 椅子を準備し、椅子を前に正座する。

2

右手指先を背中につけ、肘を座面の先につけて肩を押し、床に近づけるようにしてキープ。

息を吐きながら20～30秒

肩を床に近づけるように押す。

Top View

Side View

3 ❶～❷を左側も行う。

❶～❸を2～3セット

上半身

腕（表側）［上腕二頭筋］①

1 ［Start Position］ 床に正座する。

2

右肘を伸ばして指先を下に向け、左手で手前に引く。

息を吐きながら
20～30秒

腕をまっすぐ
伸ばす。
Zoom Up

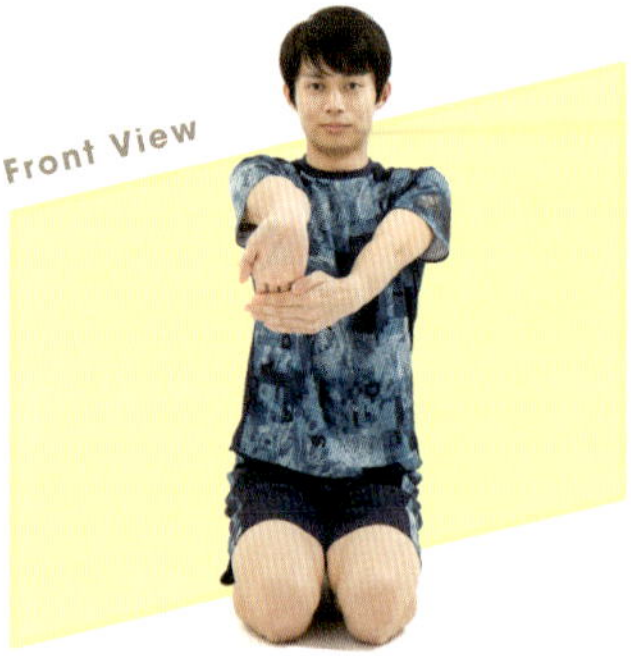

Front View

3 ❶～❷を左側も行う。

❶～❸を
2～3セット

上半身 腕（表側）［上腕二頭筋］②

1 [Start Position] 椅子を準備し、左よりに浅く座る。

腕をまっすぐに伸ばす。

2

右手のひらを座面につけ、肘をしっかり伸ばしてキープ。

息を吐きながら
20 ～ 30秒

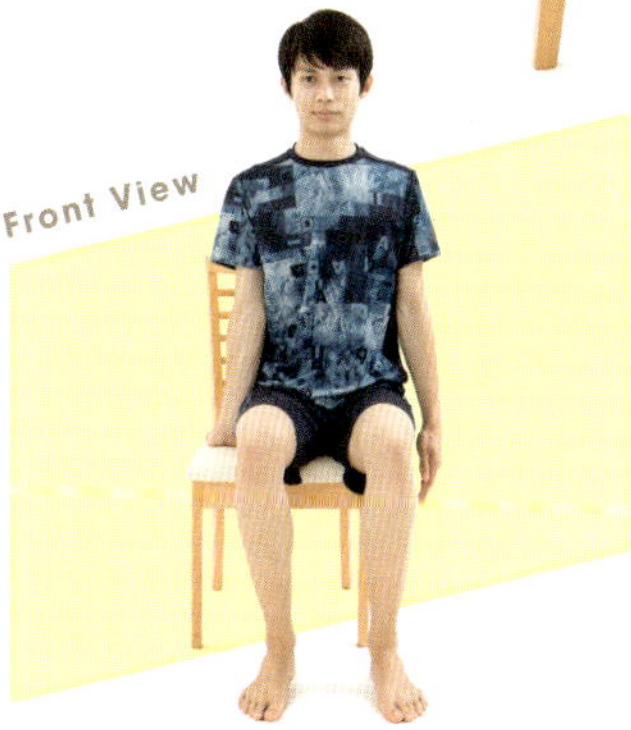
Front View

Zoom Up

3 ❶～❷を左側も行う。

❶～❸を
2～3セット

上半身

腕（前腕）［腕橈骨筋］①

1 ［Start Position］床にあぐらをかく。

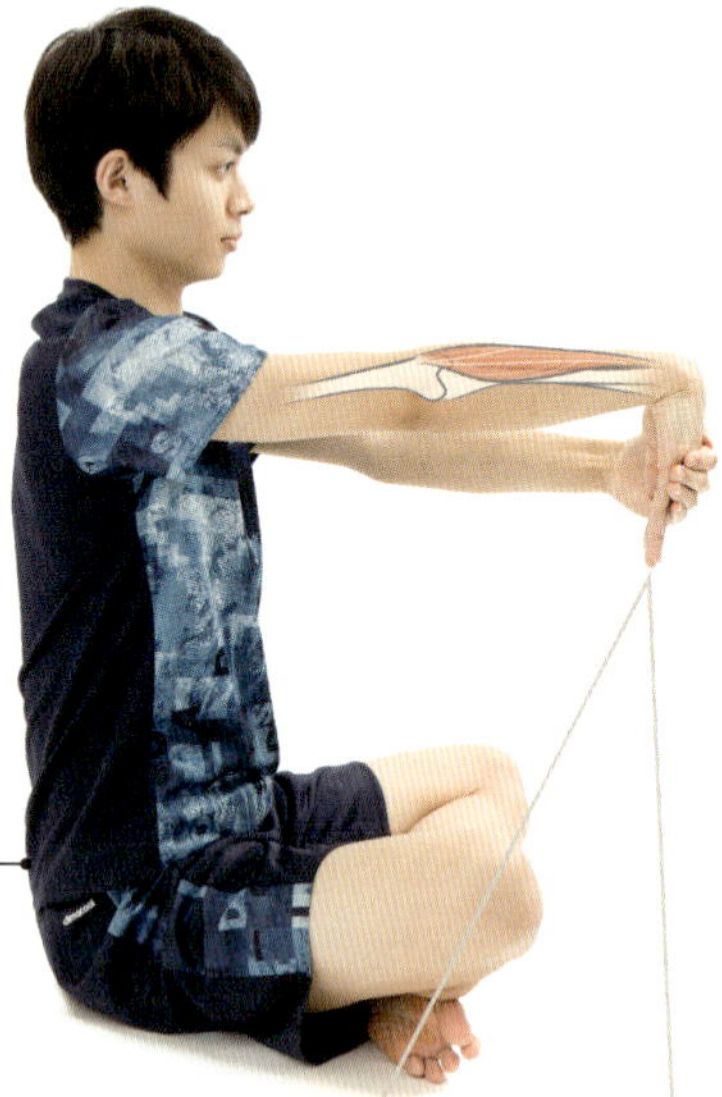

2

右肘を伸ばし、手のひらを前に向ける。左手で右手を引き寄せてキープ。

息を吐きながら
20～30秒

3 ❶～❷を左側も行う。

❶～❸を
2～3セット

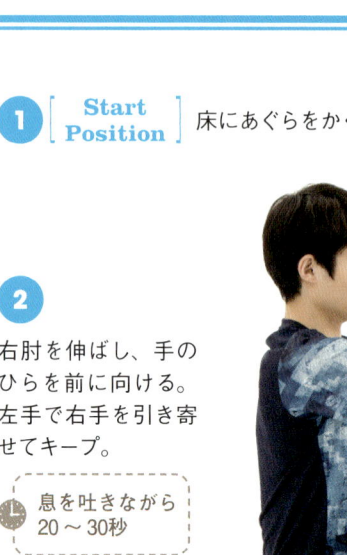

上半身

腕（前腕）［腕橈骨筋］②

1 ［Start Position］ 椅子を準備し、左よりに浅く座る。

2

右手の甲を座面につけ、
肘を伸ばしてキープ。

息を吐きながら
20〜30秒

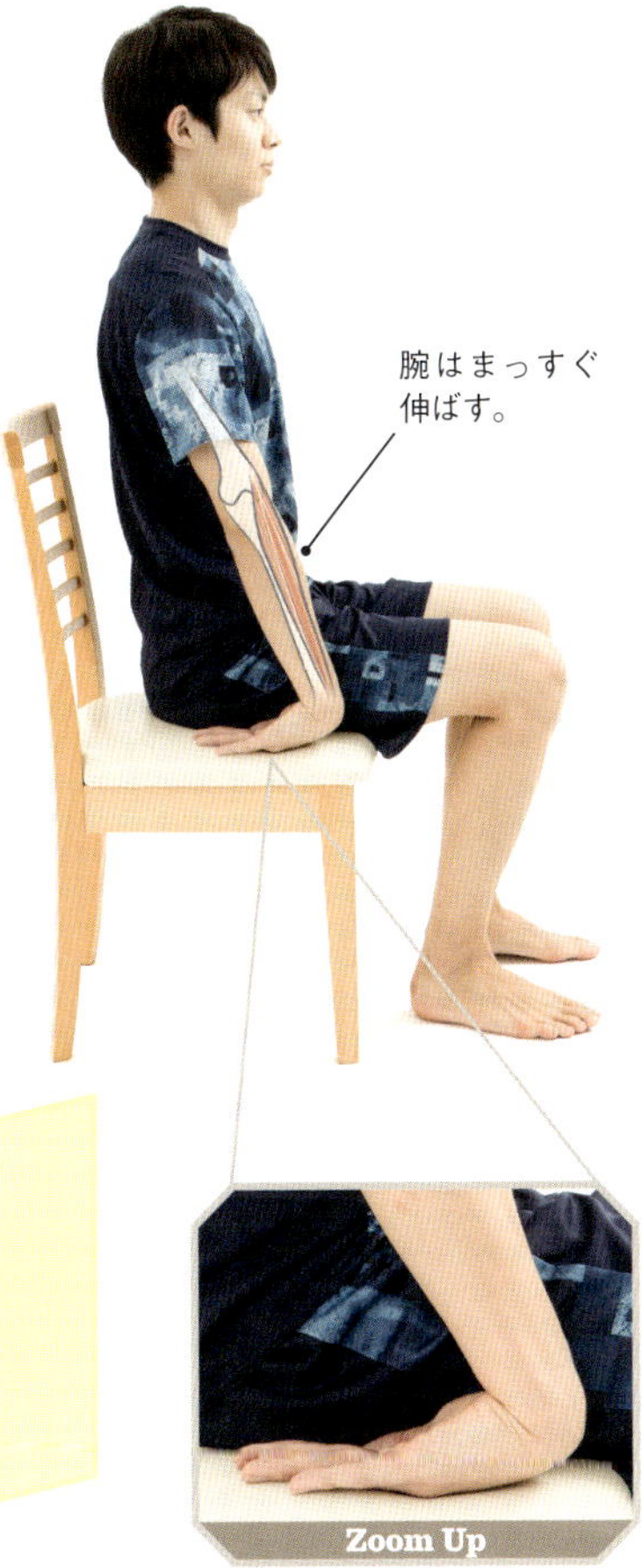
腕はまっすぐ
伸ばす。
Zoom Up

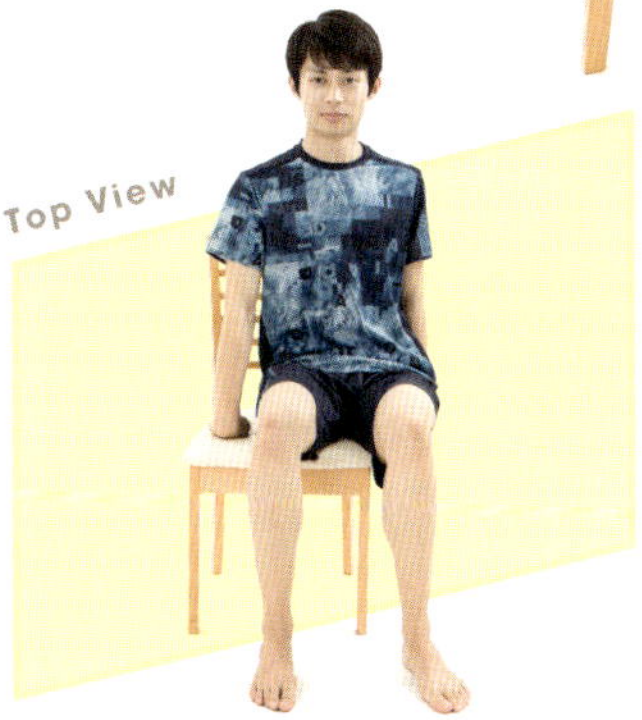
Top View

3 ❶〜❷を左側も行う。

❶〜❸を
2〜3セット

Column

ストレッチをすると
ケガの予防になる？

「ストレッチをして柔軟性が上がるとケガをしにくくなる」という事実は、科学的には証明されていません。ケガをしなかった理由は「パフォーマンスの向上」「シューズなどの道具の改良」「練習時間の長短」「練習メニューの改善」といったさまざまな要素と関係しているからです。

けれども、科学的に証明できないというだけでストレッチが無意味と判断するのは早計です。

たとえば、太ももの表（大腿四頭筋）と裏（ハムストリングス）の筋肉を比較すると、筋肉の出力が高いのは前者です。サッカーボールを蹴るときに、大腿四頭筋が縮んで強い力を出します。一方で、ハムストリングスは伸ばされますから、大腿四頭筋の力に見合った柔軟性がないと筋肉が切れて肉離れを起こしてしまいます。

こういった基本的な理論を踏まえれば、柔軟性の向上がケガの予防につながるのは明らかです。そのため、特にスポーツをしていて柔軟性が不足している人は、ケガ防止のためにもストレッチをしておく必要があるのです。

PART

4

競技別ストレッチ

ランニング、ウォーキング、ジム、スイミング、
ゴルフ、テニス、トレッキング
――競技別ストレッチ。部位別にできる
ポーズを選んで伸ばす

いつも行っているスポーツに合わせたストレッチ

**運動後は、本書で紹介した静的ストレッチを行います。
運動で繰り返し動かして、収縮していた筋肉をほぐします。
88〜171ページのストレッチの中から自分に合うものを選んで、
それぞれの部位を伸ばしてください。**

トレーニング後のストレッチがケガを防ぐ

トレーニング後にストレッチをするアスリートはケガが少ないといわれるのは、運動後のストレッチで、筋細胞の自己修復を助けるからともいわれています。

フルマラソンや高強度のトレーニング後はアイシングが先

フルマラソンや高強度のトレーニングをしたあとは、アイシングで痛みや炎症を抑えることが先決です。激しい運動後はたくさんの筋線維が切れるほどのダメージを受けているので、その状態ですぐに静的ストレッチで体を伸ばすと、ダメージが広がり疲労回復が遅れてしまう場合があります。1〜2日後、炎症が治まったあとに、ストレッチを再開します。

動かした部位をよく伸ばす

トレーニング後は、よく動かした部位を伸ばします。たとえばランニングは、走っていて足が着地したとき膝にかかる衝撃は、体重の2〜3倍あります。膝のケガに関わってくる太ももをケアする必要がありますし、テニスは下肢だけでなく、肩まわりのストレッチも必要になります。

競技別ストレッチ

	ランニング	ウォーキング	ジム	スイミング	ゴルフ	テニス	トレッキング
太もも　裏側 [ハムストリングス]	●	●	●	●		●	●
太もも　表側 [大腿四頭筋]	●	●	●	●		●	●
脚のつけ根 [腸腰筋]	●		●	●	●	●	●
お尻 [大臀筋]	●	●	●	●	●	●	●
お尻の奥 [梨状筋]	●			●	●	●	●
太ももの内側 [股関節内転筋群]	●	●	●	●	●	●	
骨盤の横 [股関節外転筋群]	●	●	●	●	●	●	
腰・背中 [腰背部]	●	●	●	●	●	●	●
ふくらはぎ [下腿三頭筋]	●	●	●	●		●	●
すね [前脛骨筋]	●	●		●			●
足裏 [足底筋群]	●	●					●
胸 [大胸筋]			●	●	●	●	
肩 [僧帽筋]			●	●	●	●	
肩 [三角筋]			●	●	●	●	
背中 [広背筋]			●	●	●	●	
腕 裏側 [上腕三頭筋]			●	●		●	
腕 表側 [上腕二頭筋]			●	●		●	
腕 前腕 [腕橈骨筋]				●	●	●	

1. 運動後、体が温まっているときに行います。
2. 運動でよく使う部位を十分にケアします。

自分に合うストレッチを一つ選んで、①〜⑪の部位を伸ばしてください。

1 太もも 裏側 [ハムストリングス]

P.96へ P.94へ P.92へ P.90へ P.88へ

2 太もも 表側 [大腿四頭筋]

P.102へ P.104へ P.103へ P.100へ P.98へ

3 脚のつけ根 [腸腰筋]

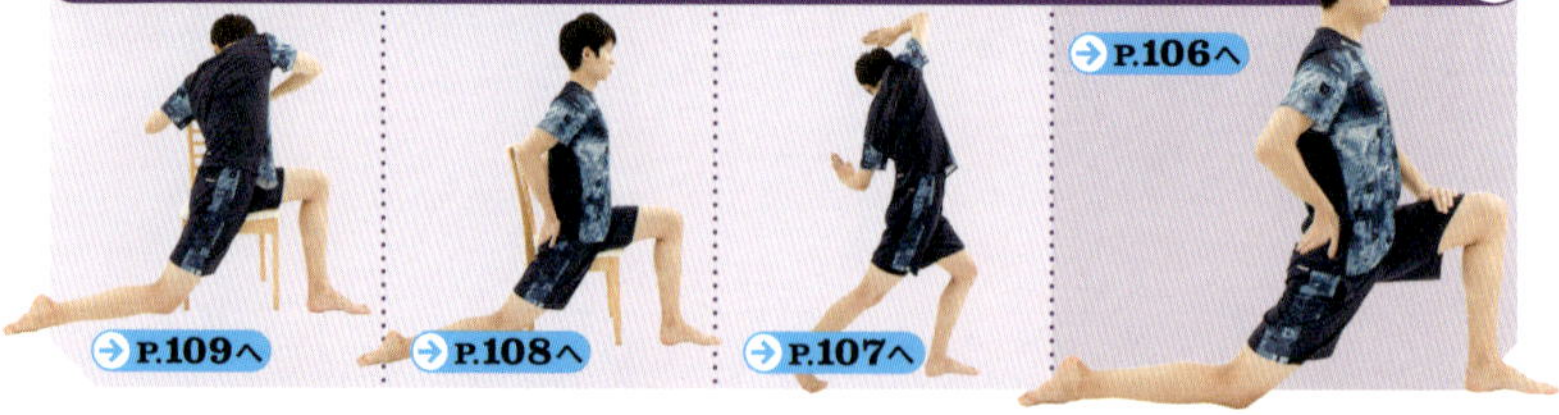

P.106へ P.109へ P.108へ P.107へ

4 お尻 [大臀筋]

P.114へ P.112へ P.115へ P.113へ P.111へ P.110へ

5 お尻の奥 [梨状筋]

P.116へ P.117へ

When
ランニング後。体が温まっているとき。

Parts
下半身をメインに。

RUNNING

6 太ももの内側［股関節内転筋群］

P.122へ
P.123へ
P.121へ
P.120へ
P.118へ
P.119へ

7 骨盤の横［股関節外転筋群］

P.128へ
P.129へ
P.127へ
P.126へ
P.125へ
P.124へ

8 腰・背中［腰背部］

P.133へ
P.132へ
P.131へ
P.130へ

9 ふくらはぎ［下腿三頭筋］

P.140へ
P.138へ
P.136へ
P.134へ

10 すね［前脛骨筋］

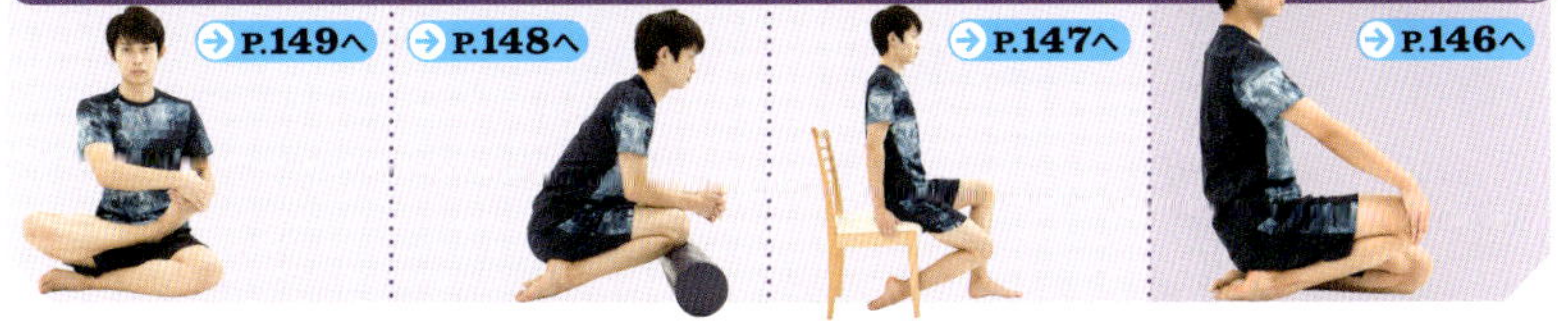

P.149へ
P.148へ
P.147へ
P.146へ

11 足裏［足底筋群］

P.145へ
P.144へ
P.143へ
P.142へ

自分に合うストレッチを一つ選んで、
①〜⑨の部位を伸ばしてください。

1 太もも 裏側 [ハムストリングス]

P.94へ
P.96へ
P.92へ
P.90へ
P.88へ

2 太もも 表側 [大腿四頭筋]

P.102へ
P.104へ
P.103へ
P.100へ
P.98へ

3 お尻 [大臀筋]

P.112へ
P.114へ
P.115へ
P.113へ
P.111へ
P.110へ

4 太ももの内側 [股関節内転筋群]

P.118へ
P.119へ
P.122へ
P.120へ
P.123へ
P.121へ

When
ウォーキング後。
体が温まっているとき。

Parts
下半身をメインに。

WALKING

骨盤の横 [股関節外転筋群] 5

P.128へ P.129へ P.127へ P.126へ P.125へ P.124へ

腰・背中 [腰背部] 6

P.133へ P.132へ P.131へ P.130へ

ふくらはぎ [下腿三頭筋] 7

P.140へ P.138へ P.136へ P.134へ

すね [前脛骨筋] 8

P.149へ P.148へ P.147へ P.146へ

足裏 [足底筋群] 9

P.145へ P.144へ P.143へ P.142へ

自分に合うストレッチを一つ選んで、
①〜⑭の部位を伸ばしてください。

① 太もも 裏側 [ハムストリングス]

P.96へ P.94へ P.92へ P.88へ P.90へ

② 太もも 表側 [大腿四頭筋]

P.104へ P.103へ P.102へ P.98へ P.100へ

③ 脚のつけ根 [腸腰筋]

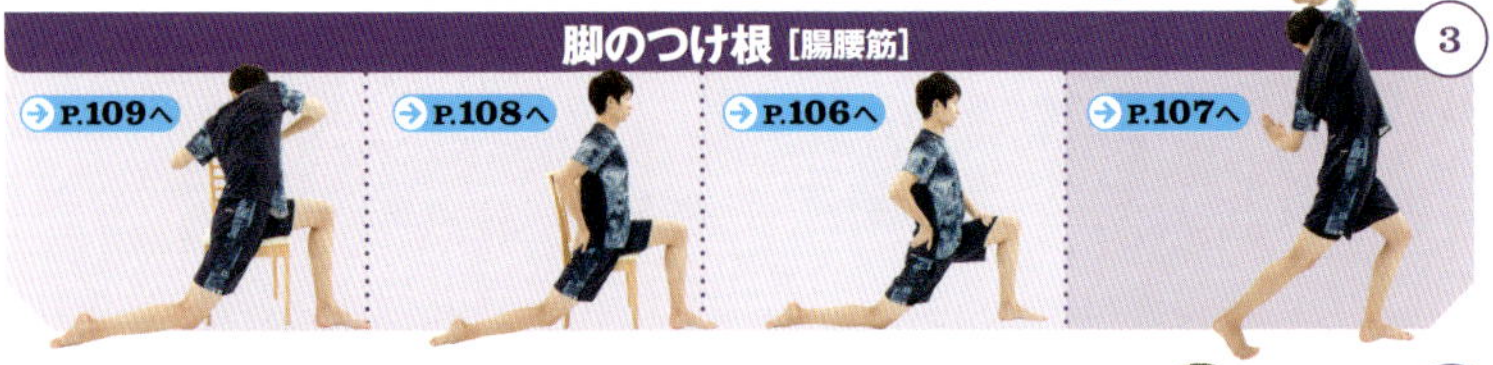

P.109へ P.108へ P.106へ P.107へ

④ お尻 [大臀筋]

P.114へ P.115へ P.112へ P.113へ P.110へ P.111へ

⑤ 太ももの内側 [股関節内転筋群]

P.122へ P.123へ P.121へ P.120へ P.119へ P.118へ

⑥ 骨盤の横 [股関節外転筋群]

P.128へ P.129へ P.127へ P.126へ P.124へ P.125へ

⑦ 腰・背中 [腰背部]

P.133へ P.132へ P.130へ P.131へ

GYM ● ジム

When
バイクや、ダンスなどのエクササイズ後。体が温まっているとき。

Parts
全身をまんべんなく。

GYM

8 ふくらはぎ［下腿三頭筋］

P.140へ　P.138へ　P.134へ　P.136へ

9 胸［大胸筋］

P.152へ　P.150へ

10 肩［僧帽筋］

P.159へ　P.158へ　P.156へ　P.155へ　P.154へ

11 肩［三角筋］

P.161へ　P.160へ

12 背中［広背筋］

P.165へ　P.164へ　P.163へ　P.162へ

14 腕 表側［上腕二頭筋］

P.169へ　P.168へ

13 腕 裏側［上腕三頭筋］

P.167へ　P.166 へ

自分に合うストレッチを一つ選んで、
①〜⑰の部位を伸ばしてください。

SWIMMING ● スイミング

When
水泳後。体が温まっているとき。

Parts
全身をまんべんなく。

SWIMMING

9 ふくらはぎ［下腿三頭筋］

P.140へ P.138へ P.134へ P.136へ

10 すね［前脛骨筋］

P.149へ P.148へ P.146へ P.147へ

11 胸［大胸筋］

P.152へ P.150へ

12 肩［僧帽筋］

P.159へ P.158へ P.156へ P.155へ P.154へ

13 肩［三角筋］

P.169へ P.160へ

15 腕 裏側［上腕三頭筋］

P.167へ P.166へ

14 背中［広背筋］

P.165へ P.164へ P.163へ P.162へ

17 腕 前腕［腕橈骨筋］

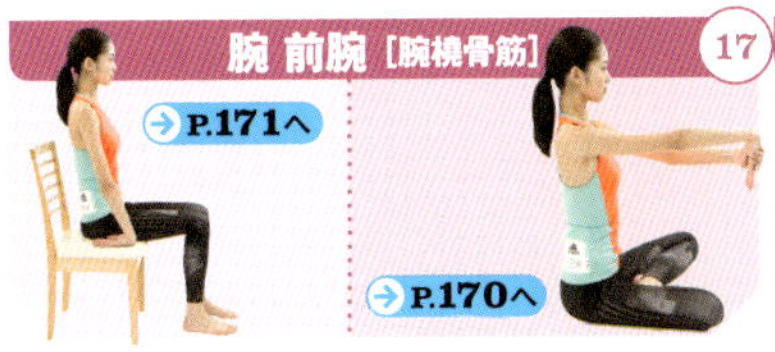

P.171へ P.170へ

16 腕 表側［上腕二頭筋］

P.169へ P.168へ

自分に合うストレッチを一つ選んで、①〜⑪の部位を伸ばしてください。

GOLF ● ゴルフ

When
ゴルフ後。体が温まっているとき。

Parts
腰まわり、肩を中心に。

① 脚のつけ根［腸腰筋］

P.109へ　P.107へ　P.106へ　P.108へ

② お尻［大臀筋］

P.114へ　P.115へ　P.111へ　P.113へ　P.110へ　P.112へ

③ お尻の奥［梨状筋］

P.117へ　P.116へ

④ 太ももの内側［股関節内転筋群］

P.122へ　P.123へ　P.121へ　P.118へ　P.119へ　P.120へ

⑤ 骨盤の横［股関節外転筋群］

P.128へ　P.129へ　P.127へ　P.125へ　P.124へ　P.126へ

GOLF

腰・背中［腰背部］ 6

P.133へ
P.130へ
P.131へ
P.132へ

胸［大胸筋］ 7

P.150へ
P.152へ

肩［僧帽筋］ 8

P.159へ
P.158へ
P.156へ
P.154へ
P.155へ

背中［広背筋］ 10

P.165へ
P.164へ
P.163へ
P.162へ

肩［三角筋］ 9

P.161へ
P.160へ

腕 前腕［腕橈骨筋］ 11

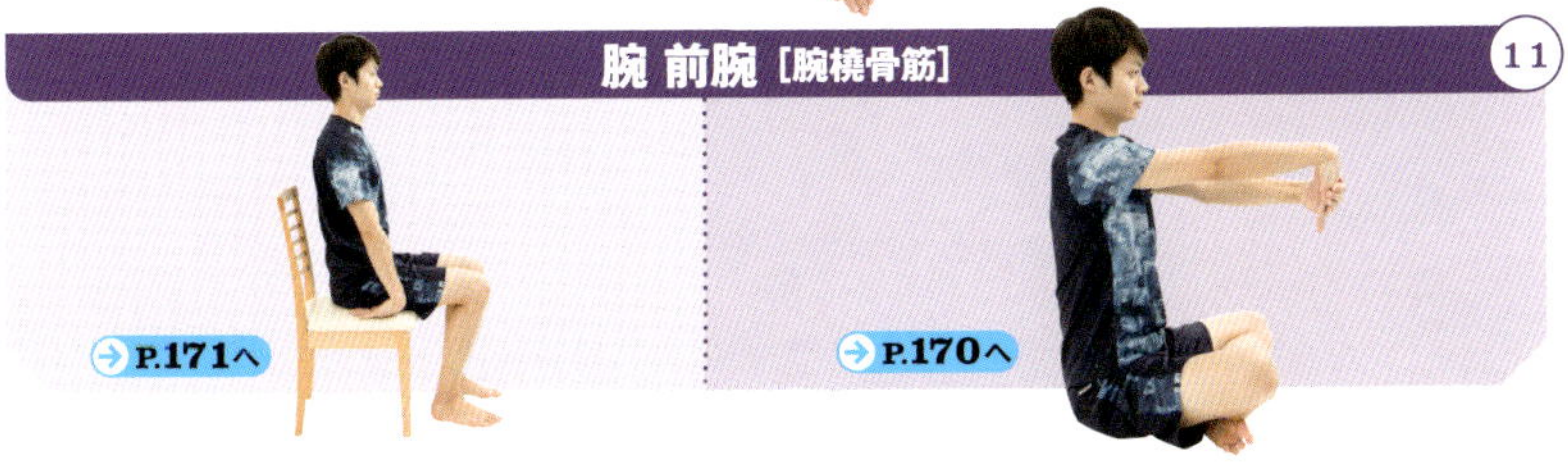

P.171へ
P.170へ

自分に合うストレッチを一つ選んで、①〜⑯の部位を伸ばしてください。

TENNIS ● テニス

When
テニス後。体が温まっているとき。

Parts
全身をまんべんなく。

1 太もも 裏側［ハムストリングス］

P.96へ P.94へ P.90へ P.88へ P.92へ

2 太もも 表側［大腿四頭筋］

P.106へ P.104へ P.100へ P.98へ P.102へ

3 脚のつけ根［腸腰筋］

P.109へ P.108へ P.106へ P.107へ

4 お尻［大臀筋］

P.114へ P.115へ P.111へ P.113へ P.110へ P.112へ

5 お尻の奥［梨状筋］

P.117へ P.116へ

6 太ももの内側［股関節内転筋群］

P.122へ P.123へ P.121へ P.118へ P.119へ P.120へ

7 骨盤の横［股関節外転筋群］

P.128へ P.129へ P.127へ P.125へ P.124へ P.126へ

TENNIS

8 腰・背中［腰背部］

P.133へ P.131へ P.130へ P.132へ

9 ふくらはぎ［下腿三頭筋］

P.140へ P.136へ P.134へ P.138へ

10 胸［大胸筋］

P.150へ P.152へ

11 肩［僧帽筋］

P.159へ P.158へ P.155へ P.154へ P.156へ

12 肩［三角筋］

P.161へ P.160へ

14 腕 裏側［上腕三頭筋］

P.166へ P.167へ

13 背中［広背筋］

P.165へ P.164へ P.162へ P.163へ

16 腕 前腕［腕橈骨筋］

P.170へ P.171へ

15 腕 表側［上腕二頭筋］

P.168へ P.168へ

When
トレッキング後。体が温まっているとき。

Parts
下半身を中心に。

自分に合うストレッチを一つ選んで、①～⑨の部位を伸ばしてください。

1 太もも 裏側 [ハムストリングス]

P.96へ　P.94へ　P.90へ　P.88へ　P.92へ

2 太もも 表側 [大腿四頭筋]

P.100へ　P.102へ　P.104へ　P.103へ　P.98へ

3 脚のつけ根 [腸腰筋]

P.106へ　P.109へ　P.108へ　P.107へ

4 お尻 [大臀筋]

P.114へ　P.111へ　P.115へ　P.112へ　P.110へ　P.113へ

5 お尻の奥 [梨状筋]

P.116へ　P.117へ

TREKKING

6 腰・背中 [腰背部]

P.132へ
P.131へ
P.133へ
P.130へ

7 ふくらはぎ [下腿三頭筋]

P.140へ
P.138へ
P.134へ
P.136へ

8 すね [前脛骨筋]

P.149へ
P.148へ
P.146へ
P.147へ

9 足裏 [足底筋群]

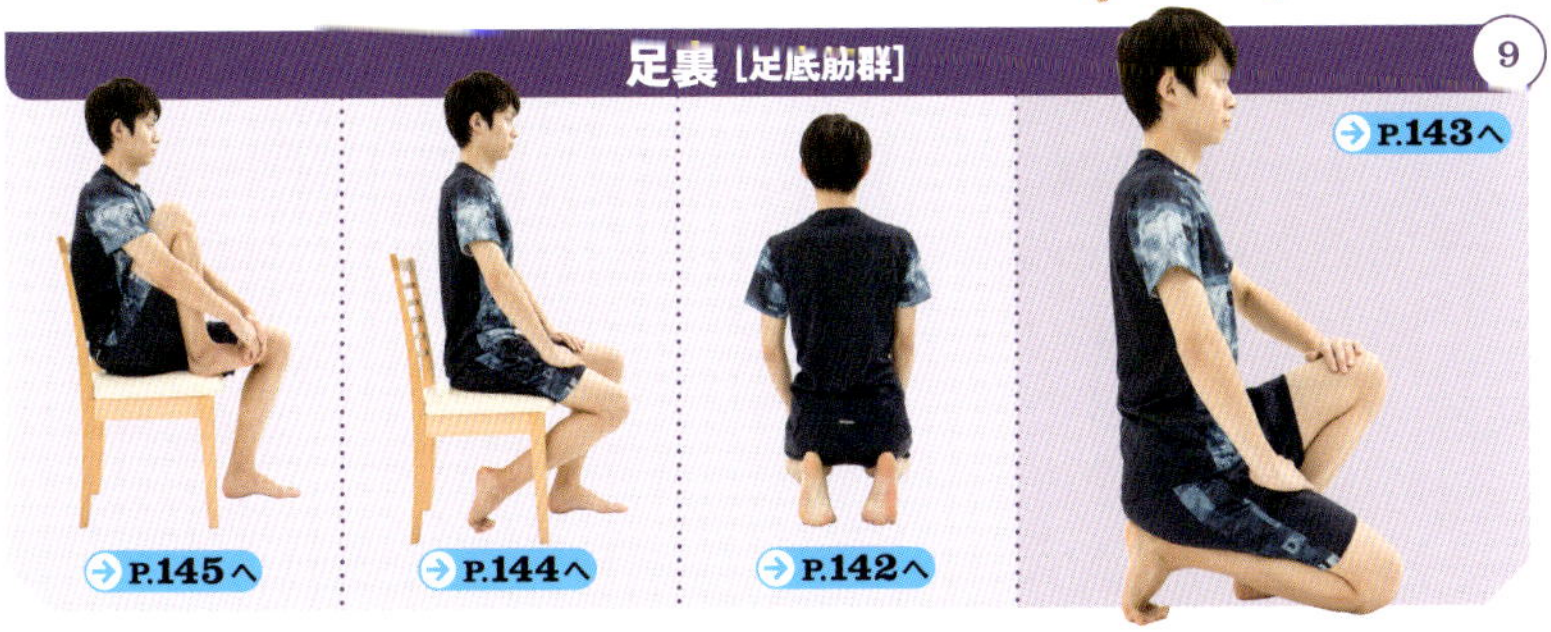

P.145へ
P.144へ
P.142へ
P.143へ

Column

ヨガのポーズとストレッチは別もの

ヨガをすると柔軟性が上がるというイメージがあります。

そのせいか、ストレッチをする感覚でヨガに取り組む人も多いのですが、ストレッチとヨガは基本的に別ものです。

ヨガのポーズをとると、関節の可動範囲は上がります。その意味で、可動域が狭まるのを防止する効果はあります。

ただし、なかには人体の構造を無視した過剰な柔軟性を要求するポーズがあるのも事実です。

解剖学的なメカニズムを知らない指導者が、体の硬い人にヨガを教える場合、ケガを招く危険性は否定できません。

ヨガ教室などでは、ポーズをとることがゴールになってしまうケースがありますが、本来重要なのは、関節の可動範囲を少しずつ無理せずに広げていくことです。

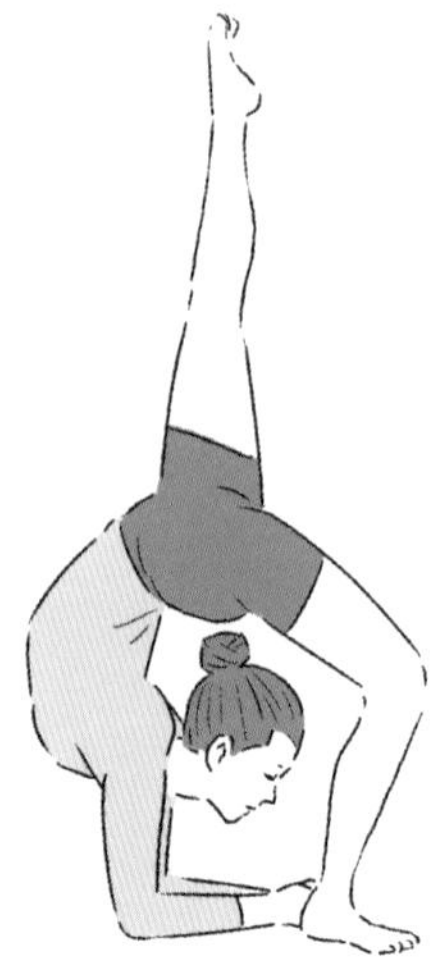

とはいっても、私はヨガを否定するわけではありません。ヨガには精神的な向上を追求する側面があります。

まわりの人と競うのではなく、自分のレベルに合わせて無理のない範囲で楽しんでいただきたいと思います。

PART
5

ストレッチ効果を上げるライフスタイル

ストレッチ効果をよりアップさせるための
ライフスタイル術。
食事や睡眠の影響や、続けるコツ

The lifestyle to improve
the effect of stretching

自分の体に「この人は毎日体を伸ばそうとする人」と教える

単発のストレッチを行っても、一時的に柔軟性が高まるだけ。本当に筋肉を長くして柔軟性を高めようとするならば、毎日ストレッチを継続し、筋節（サルコメア）の数を増やしていく必要があります。

毎日ストレッチをすると筋肉が長くなる。これは、体が筋肉をつくるメカニズムとまったく同じです。

たとえば、いつも1kgのダンベルでトレーニングしていた人がいるとします。ある日からこの人が、毎日５００ｇのダンベルでトレーニングし始めると、筋肉量はしだいに減少していきます。

「この人は毎日５００ｇでトレーニングする人だから、５００ｇに耐えられる筋肉量があれば十分だ」と、体が判断するからです。

一方で、毎日２kgのダンベルでトレーニングを続けたとしましょう。このとき、体は次のように判断します。

「この人は２kgを日常的に持ち上げる人だから、２kgを持ち上げるための筋肉を合成しなければいけない」

結果として、筋肉が合成されて太くなっていく、という仕組みです。

体にストレッチを教え込む

このメカニズムをストレッチにも応用してみましょう。毎日ストレッチを継続していると、体は次のように判断するはずです。

「この人は、毎日体をストレッチして筋肉を伸張させようとする人だから、筋肉が切れないように長くしなければいけない」

すると、細胞分裂が起き、筋節の数が増えていき、筋肉が長くなっていくというわけです。

大切なのは、自分の体に**「この人は毎日体を伸ばそうとする人である」**と徹底的に教え込み、筋節が増える体質にしていくことです。

ストレッチの効果はすぐに出るわけではありません。半年、あるいは1年かけて少しずつ筋節が増えていくことで、柔軟性が高まります。

ですから、筋トレと同様にストレッチも継続が最も大切なのです。

The lifestyle to improve the effect of stretching

ストレッチを続けるためのコツ

人は、価値や重要度が反映された信念を持てば、トレーニングなどの行動を起こすことができます。簡単にいえば、肯定的な態度を持てばトレーニングが長続きするということです。

さらに、「肯定的な態度」は以下の二つに分けられます。

①評価態度
②感情態度

①評価態度とは、「ストレッチが有益である」と考える価値観です。ここまで本書をお読みになったあなたは、きっとストレッチの意味や有益性を理解しているはず。肯定的な態度を持っていると信じています。

ただ、もう一つ重要なのが、②感情態度です。これはストレッチが楽しいのか辛いのか、といった感情面での受け止め方です。

「ストレッチの効果は理解したけれど、きついから嫌だ」となったら、行動は継続しません。

ですから、本書で紹介するストレッチを無理やりすべて実践しようとしなくても大丈夫です。楽しそうなストレッチからやってみる、好きなスポーツと組み合わせながら試してみる、など継続できるようにチャレンジしてみましょう。

三日坊主でも問題なし

とはいえ、肯定的な態度を持ったとしても、どうしてもストレッチをサボってしまうことはあります。

しかし、サボったときに自分を責める必要などありません。物事がなかなか継続できないのは「逆戻りの心理」といって、人間らしい心理反応です。かくいう私も、サボりたくなるときはあります。ですから、サボっても全然ＯＫ。サボって中断したら、またやり直せばいいのです。

三日坊主でも、「３日間ストレッチができた」と肯定的に評価することができます。**三日坊主でも10回続ければ、１カ月ストレッチしたのと同じ。**失敗体験どころか、成功体験として誇ってもよいくらいです。ストレッチを続けているうちに効果は現れるはずですから、自信を持って三日坊主を繰り返してください。

The lifestyle to improve the effect of stretching

日常生活でも柔軟性は確保できる

体の柔軟性を適度に保ち、低下を予防するのに最も有効なのはストレッチです。

その一方で、日常生活の中で関節を動かしている人もストレッチ効果を得ているという研究結果が報告されています。

普段の生活の中で関節の可動範囲を使い続ける、あるいは使用頻度を増やすことは、**関節の可動範囲を維持し、柔軟性の低下を予防する効果がある**のです。

関節の動く範囲は決まっているというお話をしました（↓16ページ）。たとえば肩関節の場合、手を伸ばして手のひらを下にする動き（内旋）と、上に向ける動き（外旋）の限界が決まっています。

この関節の動きを普段から使わないでいると、しだいに可動域が狭まってきます。これが原因となり「肩が上がらなくなった」という現象が起きるわけです。

普段の生活でほとんど歩くことがなく、移動もタクシーなどに頼り切り、自宅でもすぐにソファに座って体を動かしていない人は、関節を動かす機会がないのですから、当然のように柔軟性を失っていきます。

普段から運動することが大切

重要なのは、普段から運動をして体を動かすことです。

日常的にテニスをしたり体操をしたりしている人は、特別にストレッチをしなくても、そのことを通じて十分に可動域の低下を予防することが可能です。

もちろん水泳や自転車、フィールドアスレチックなど、どんなスポーツでもＯＫです。普段からスポーツを楽しんで関節を活動的に使っていれば、ある程度の柔軟性は維持できます。

「スポーツは好きだけどストレッチは面倒」

「ストレッチ以外の方法で柔軟性をつけたい」

という人も多いと思います。

もちろんストレッチをするに越したことはありませんが、「とにかくストレッチをしなければ」という観念にとらわれないように注意してください。

The lifestyle to improve the effect of stretching

質のよい睡眠が体を軽くする

毎日体を動かすためには、質のよい睡眠をとることも重要です。

質のよい睡眠をとると、筋肉の緊張も解消し、疲労回復効果もあるので、翌日の活動レベルも上がります。体が軽くなれば、「運動しよう」「ストレッチをしよう」という前向きな気持ちもわいてきます。

理想的な睡眠時間は、人によってさまざまです。

4~5時間という人もいれば、8時間睡眠が必須という人もいます。これについては、「自分にとって心地よく疲れがとれる」という観点からベストの睡眠時間を考えてください。

では、睡眠の質を高めるには、どうすればよいか。

私たちの体は、昼間は活動を活発にする「交感神経」が優位にはたらき、夜間はリラックスをもたらす「副交感神経」が優位になります。この仕組みによって、昼間は起きて活動し、夜になると眠くなるというサイクルが成立しているのです。

眠りのサイクルを乱す要素

ところが、このサイクルを乱す要素があります。

一つ目は、**飲酒**です。夜寝る前にお酒を飲むと、たしかに入眠しやすくはなりますが、睡眠の質は確実に低下します。睡眠周期が乱れて浅い眠りが続き、疲れが抜けにくくなるのです。

就寝直前の寝酒（ナイトキャップ）だけでなく、晩酌での過剰な飲酒も寝つきを悪くする原因となります。

そして二つ目は、**脂肪分の多い夕食**です。脂肪分の多い食事は副交感神経のはたらきを鈍らせます。夕食はこってりしたメニューを抑え、できれば就寝の2時間前までには済ませておきたいところです。

続いて三つ目は、**激しい運動**です。夜の激しい運動は、交感神経を刺激するので、控えたほうがベターです。

最後は、**精神的な要素**です。不安やプレッシャーを抱えていると眠りが浅くなります。精神面でのコンディションを保つことも非常に大切です。

The lifestyle to improve
the effect of stretching

ストレスからくる緊張をゆるめる

ストレスによって体のどの部分が緊張するのかは、人によって感覚が異なります。ある人は腰に痛みを感じるかもしれませんし、背中に痛みを感じるかもしれません。

ただし、科学的にストレスによって緊張する筋肉とされているのは、僧帽筋上部だけ。僧帽筋は、背中の上のほうに広がっている大きな筋肉であり、上部、中部、下部に分かれています。

そして、この僧帽筋上部は、肩こりの原因となる筋肉の一つとしても知られています。ストレスによって僧帽筋が緊張し、肩こりに悩まされるという仕組みです。

普段からトレーニングによって肩まわりを動かしている水泳選手でも、大きな試合の前にプレッシャーによって肩こりを訴えるケースがあります。

ですから、**ストレスを過剰に受けて肩のこりを感じている人は、普段から僧帽筋のストレッチを行うことも大切です。**

ストレスをマネジメントしよう

僧帽筋のストレッチによって肩こりを軽減していくと同時に、ストレスをマネジメントしていくという発想も重要です。

まずは、ストレスの原因を軽減・回避していく方法を考えましょう。仕事でストレスを感じているときは、休暇をとって仕事から一時避難したり、部署の異動を願い出てストレスの原因から距離をとったりしてみます。今の職場ではどうしても解決がつかない場合、転職や休職を考えるという選択肢もあります。

また、自分なりのストレス発散法を見つけておくとよいでしょう。

スポーツをするとストレス解消になるという人はたくさんいます。私にとって走ることは、ストレス解消策の一つです。距離による達成感がありますし、仲間ができるという楽しみもあります。

読書や音楽鑑賞、美術鑑賞など、リラックスできる手段はさまざま。ただし、お酒でストレス解消をはかるのはおすすめできません。ストレスの原因となる感覚を鈍らせているだけで、場合によっては依存してしまうケースもあります。

The lifestyle to improve the effect of stretching

柔軟性アップを助ける食事法

「酢を飲むと体が柔らかくなる」という俗説がありますが、科学的な根拠はありません。そもそも、酢には筋節（サルコメア）を増やす成分が含まれていないのですから、当然といえば当然です。

なぜそんな俗説が生まれたのかは不明ですが、おそらく肉料理の下ごしらえとして酢に漬ける（マリネ）からの連想ではないでしょうか。肉を酢につけておくと、たんぱく質の分解を促すため、たしかに柔らかくなります。でも、それで体が柔らかくなるのであれば、酢を飲むよりも酢の風呂に浸かったほうが早いように思います。

とはいえ、食事は重要な役割を果たしています。

前述したように、正しい姿勢とは、個々の関節にかかる力が最小である状態を指します。逆にいえば、姿勢が正しくない人は、いずれかの筋肉の引っ張る力が強く、一部の関節に過剰な負荷がかかった状態となっています。

このとき骨粗しょう症であったり、骨密度が低下していたりすると、骨が圧迫骨折を起こす危険性もあります。こうなってしまうと、もうストレッチや筋力トレーニングで姿勢を矯正するのは不可能になってしまいます。

どのような食事が理想？

骨粗しょう症を予防するためにカルシウムの摂取と運動は基本ですが、バランスのよい食生活ができていないと予防効果は期待できないでしょう。食生活の主なポイントを以下にまとめます。

①**カルシウム**……牛乳には豊富なカルシウムだけでなくビタミンも含まれています。

②**ビタミン**……野菜だけに偏らず、海藻類や果物も食べるようにしましょう。淡色野菜、緑黄色野菜、芋類、海藻類、果物の5種類を、1日あたり1回ずつとるのを目安にしましょう。

③**たんぱく質**……筋肉や肌、血液をつくっているのは、たんぱく質です。骨格筋のたんぱく質を合成するアミノ酸の摂取能力は、年齢とともに低下します。高齢者こそ、筋肉量を維持、向上するために、野菜ばかりの粗食にするのではなく、しっかり肉を食べることも意識する必要があります。

Column

ストレッチ専門店に通う方法もある

近頃は、街中でストレッチ専門店をよく見かけるようになりました。私は、ストレッチ専門店が増えている現状を、喜ばしく思っています。マッサージがあくまでも対症療法なのに対して、ストレッチは根本的な改善が期待できるからです。ストレッチをすれば筋節の数が増えて筋肉の長さが伸びます。柔軟性の低い人の場合、同じ時間の施術を受けるのであれば、本来はストレッチのほうが効果は高いはず。ストレッチで筋肉を長くしつつ、リラックスまたは治療のためにマッサージを受ける。両者を上手に使い分けるのがベストだと思います。ストレッチ専門店では、トレーナーが顧客の筋肉の硬さを踏まえて、伸ばすべき方向などを考えながら伸ばしてくれます。体が非常に硬く、自分でストレッチをするのが難しい人には効果的といえます。

ただし、トレーナーにも技術レベルの差があるのは事実です。最初から完璧なトレーナーなど存在せず、成長過程のトレーナーもいるのですから当然です。

ストレッチ専門店に行く場合は、通いやすいお店を探すよりも、自分に合ったトレーナーを見つけるという意識が重要です。

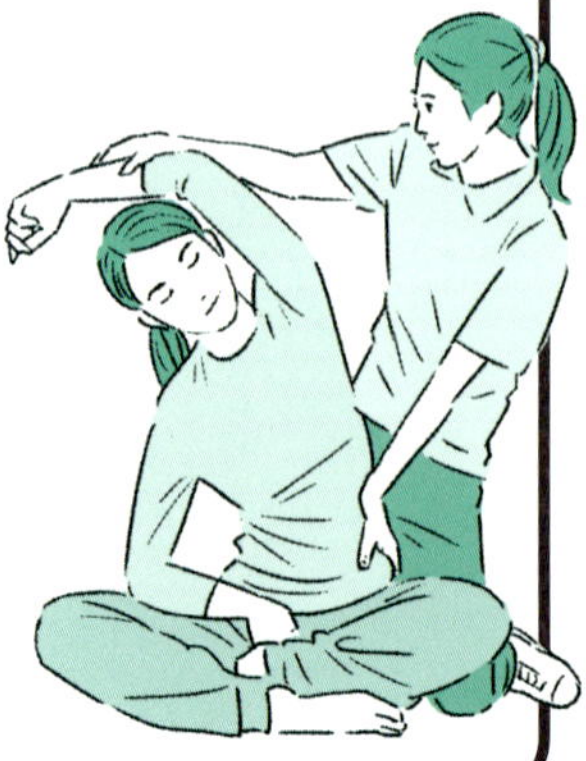

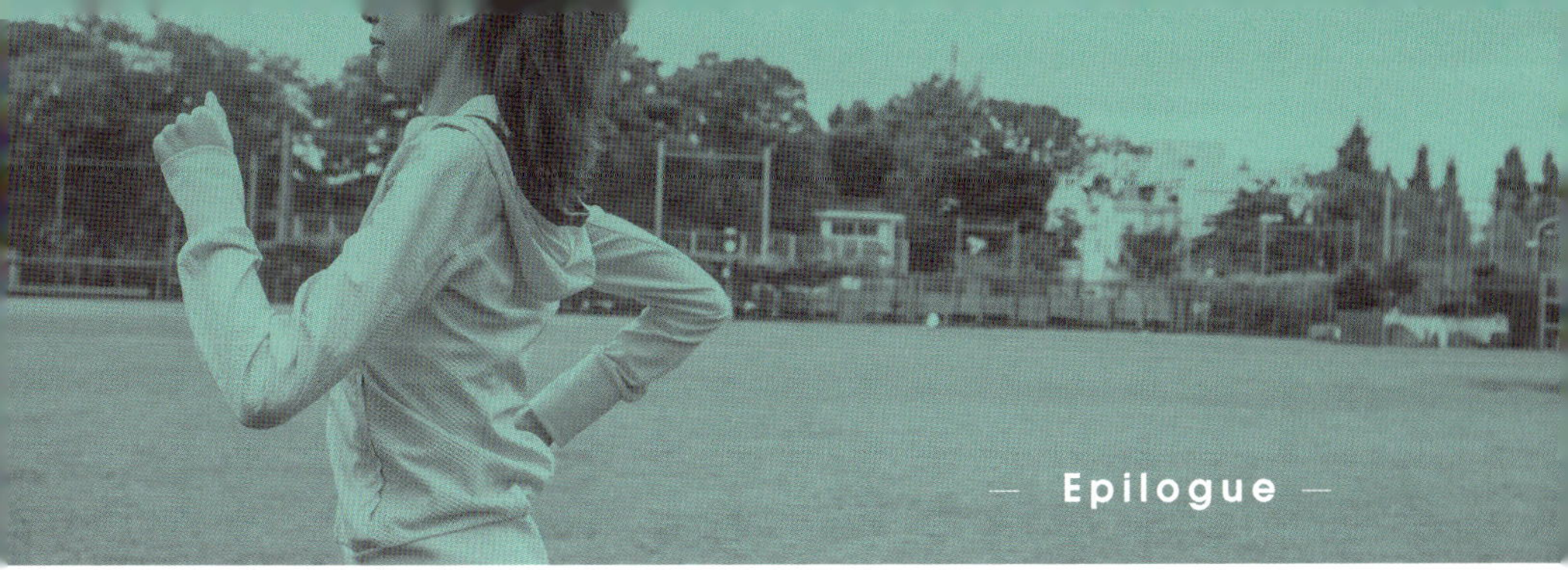

Epilogue

私が書籍の監修、執筆を始めたのは２００３年頃のことです。当初は、出版社の方に「ストレッチの書籍を出したいです」とお話ししても、「ストレッチの本は売れないんですよね……」と、まったく取り合ってもらえなかったのを、今でも鮮明に覚えています。

しかし、その頃の時代背景を考えれば、それは仕方のないことでした。つまり、ストレッチをしている人はあまりいませんし、そもそもストレッチの重要性を理解している人自体が少なかったのです。

それから10年以上が経ち、こうして書店にストレッチ本がたくさん並ぶようになったことは、それらを教える専門家である「フィジカルトレーナー」として、とても嬉しく思います。

さまざまなストレッチ本がある中で、この本の特徴は二つです。

・体（筋肉）をセルフチェックして、ストレッチをする必要のある筋肉と必要のない筋肉を明確に分けることができる。

・一つのストレッチポーズについて、前後左右あらゆる角度から撮った写真を掲載し、死角をなくした。

ストレッチは、あなたにとってどんなイメージですか？

難しい？

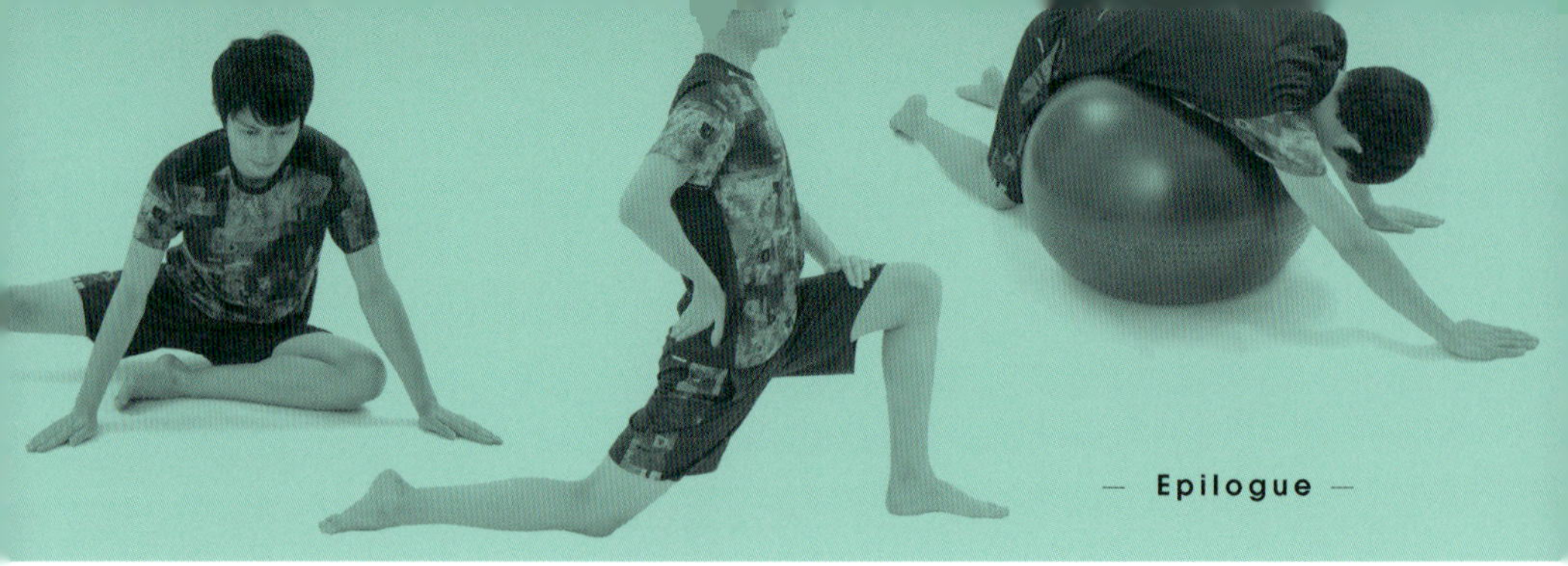

— Epilogue —

痛い？

面倒くさい？

どんなイメージでもかまいません。まずは3カ月続けてみてください。3カ月後には何かしらイメージが変わるはずです。

簡単！

気持ちいい！

習慣になった！

などと、少しでも感じていたら大成功。著者として、これほど嬉しいことはありません。

しかし、一つ気がかりな点もあります。それは、ストレッチをすれば、その他の運動を一切しなくても、食事制限をしなくても、

健康になる！

ダイエットもできる！

美脚も手に入る！

というイメージが蔓延している現状です。残念ながら、ストレッチにそんな大それた効能はありません。

筋トレをしないから、活動量が減るから、筋肉量が減っていくのです。筋肉量が減るのに摂取カロリーは増えている、だから太るのです。そう

いった部分を怠って、ストレッチだけをして、スラッときれいな脚を手に入れられる道理がありません。

ですから、ストレッチの習慣がある程度ついてきたら、筋トレや有酸素運動にもぜひチャレンジしてみてください。そして、食生活にも少し目を向けてみてください。

たくさんあるストレッチ本の中からこの本を選んでいただき、ありがとうございました。いかがでしたか？　少しはお役に立てたでしょうか。まずは、自分の体に合った、自分に必要なストレッチを見つけること。それを完全に習得できたら継続につながり、効果も出ます。その頃には、本書の必要はもうなくなっていることでしょう！

中野ジェームズ修一

中野《なかの》ジェームズ修一《しゅういち》

フィジカルトレーナー。米国スポーツ医学会認定運動生理学士。㈲スポーツモチベーション最高技術責任者。

1971年生まれ。メンタルとフィジカルの両面の指導ができる、日本では数少ないスポーツトレーナー。トップアスリートや一般の個人契約者などに対して、やる気を高めながら肉体改造を行うパーソナルトレーナーとして数多くのクライアントを持つ。11年半ぶりに復帰した伊達公子選手の全日本選手権タイトル獲得までの身体蘇生を担当したことでも有名。また、ロンドン・リオ五輪メダリストの福原愛選手や箱根駅伝連覇の青山学院大学陸上競技部長距離ブロックのトレーナーとしても活躍。

主な著書『下半身に筋肉をつけると「太らない」「疲れない」』『上半身に筋肉をつけると「肩がこらない」「ねこ背にならない」』『体幹を鍛えると「おなかが出ない」「腰痛にならない」』（大和書房）、『きょうのストレッチ』（ポプラ社）、『世界一伸びるストレッチ』（サンマーク出版）、『青学駅伝チームのスーパーストレッチ＆バランスボールトレーニング』（徳間書店）他多数。

スポーツモチベーション
http://www.sport-motivation.com

THE BEST STRETCH《ザ・ベストストレッチ》
―― 自分にいちばん効くストレッチ

2016年12月31日　第1刷発行

著　者　中野ジェームズ修一
発行者　佐藤 靖
発行所　大和《だいわ》書房
東京都文京区関口1-33-4　〒112-0014
電話　03(3203)4511

印　刷　歩プロセス
製　本　ナショナル製本

ISBN 978-4-479-78372-5

http://www.daiwashobo.co.jp

STAFF

●装　丁
水戸部功
●本文デザイン
庄子佳奈（marbre plant）
木村奈緒子（PORT）
●撮　影
市川勝弘
●ヘアメイク
坂口等
●イラスト
林田秀一
スギザキメグミ
●編集協力
渡辺稔大
森本浩之（スポーツモチベーション）
古谷有騎（スポーツモチベーション）
●モデル
中村実生
長浜将平
●衣装協力
アディダスジャパン株式会社
アディダスグループお客様窓口
（0570-033-033）